Anonymous

Drei Weihnachtabende der deutschen Hansestadt Dorpat in Livland

Anonymous

Drei Weihnachtabende der deutschen Hansestadt Dorpat in Livland

ISBN/EAN: 9783743379459

Hergestellt in Europa, USA, Kanada, Australien, Japan

Cover: Foto ©ninafisch / pixelio.de

Manufactured and distributed by brebook publishing software
(www.brebook.com)

Anonymous

Drei Weihnachtabende der deutschen Hansestadt Dorpat in Livland

Drei Weihnachtabende

der

deutschen Hansestadt Dorpat in Livland
1222 — 1524 — 1802.

Von einem deutschen Reichsangehörigen.

Nebst einem beglaubigten Anhang über die Weichselsehnsucht der Russen.

›Caveant consules!‹

Lübeck 1893.
Verlag von W. Gläser.

Im Paradies der Esten.

Lübecks Verkehr und Verbindung mit der guten Hansestadt Dorpat im deutschen Livland soll nachstehend geschildert werden. Die Zusammengehörigkeit beider Städte ist uralt und hat schon vor dem Jahre 1158 begonnen. Dorpats Einzelschicksale sind ein Spiegelbild der Gesamtgeschichte Livlands; als der am weitesten an die russische Grenze gerückte Vorposten deutscher Kultur hat Dorpat in alter und neuer Zeit dieser Vermittlung mit den Nachbarn im Osten treu gedient; als Grenzfestung und Schutzwacht war es stets im Kampf mit Gefahren, die zuweilen seinen Verfall in Schutt und Trümmer verursachten. Aber durch die Notwendigkeit des Daseins gerade an dieser Stelle wurde die Tochterstadt Lübecks am Embachfluss immer wieder neu und wichtiger aufgebaut.

Nach der heidnischen Vorzeit teilt sich die Geschichte Dorpats in drei Hauptgründungen; eine jede derselben beginnt merkwürdigerweise an einem Weihnachtabend, der einst als Neujahrtag der Zeitrechnung nach Christi Geburt galt und gefeiert wurde.

Als Paradies und Ursitz der Schöpfung verehren die Esten das schöne und wonnigliche Embachthal.

Am Anfang schuf Gott Himmel und Erde, und die Erde war wüste und leer, aber auch dunkel.

Altvater wollte am Embach sein Tagewerk beginnen; er übergab dem Himmelssohne Koit, dem ewige Jugend verliehen war, die Fackel, um die Sonne anzuzünden. Am Abend befahl er der gleichfalls ewig jugendlichen Jungfrau Ämarick, das Licht der Welt sorgsam auszulöschen und zu verwahren.

Beide verrichteten treulich ihr Geschäft, aber sie sahen sich dabei zu tief in die Augen und wurden saumselig im Weltdienst. Kopfschüttelnd wollte Altvater sie binden und verheiraten, aber beide Verliebte baten einstimmig, ihnen die fessellose Lust der ewigen Sehnsucht und des Zuges der Herzen zu einander zu gönnen und ihnen nur einmal im Jahre einen Händedruck mit bräutlichem Kuss zu gestatten.

So werden die Tage allmählich immer länger. In Livlands wunderbar anmutiger Mittsommerzeit schmückt Altvater sein Embachparadies mit dem prächtigsten Blumenschmuck; die Liebeslieder der Vögel verstummen nicht und der Gesang der Nachtigall ist so bezaubernd, dass selbst die Nacht lauschend zur Seite tritt und verschwindet.

Ämarick aber drückt die schamrot verglimmende Sonnenfackel in die Hand Koits; ein kurzer Augenblick seliger Umarmung vereint die beiden Himmelskinder, dann entfernen sie sich langsam von einander, immer mehr trauernd und frierend, bis die russische Winternacht dreimal länger ist als der Tag.

In hellem Sonnenschein schuf Gott die Menschen zu seinem Ebenbild und Tiere von allerlei Art und Gestalt; er versorgte sie mit reichlicher Nahrung und schmückte ihnen das Estenparadies wohnlich und wonniglich.

Der Teufel stand neidisch hinter Altvater und wollte das Werk Gottes mit seiner dummen Hand nachmachen. Es glückte ihm, mechanisch Tiere aus Lehm zu formen, aber sie waren tot; ihnen fehlten der Geist Gottes und der Lebensatem. Betrübt erflehte der Teufel die Hilfe Altvaters, der ärgerlich über die Störung in seiner ernsten Arbeit rief: »Pumpe ihnen meine Paradiesluft ein!« Das geschah und die russischen Teufelstiere sprangen umher; da sie aber in dem öden russischen Wintergarten keine Nahrung fanden, zerfleischten und frassen sie sich untereinander und trachteten selbst dem Teufel nach dem Leben. Bestürzt rettete dieser sich zum Altvater, der seinen Schöpfungstab vor die Pforte des Paradieses legte und die russischen Teufelstiere heranlockte. Nur der Esel schlich langsam herüber; Altvater musste erst mit seiner Strafrute züchtigen, er warf eine Hand voll »Geräuschler« hinaus, stechendes und plagendes Ungeziefer, wie Hornissen, Bremsen, Mücken, Wanzen, Turrokanen. Die verwilderten russischen Teufelstiere wollten ihnen entfliehen, denn sie hassten den Ruf Gottes und die gebotene Ordnung; wild stürmten sie über den Zaun, zuletzt die wilde Katze, welche Altvater mit einem Schlag über die Schnauze strafte; deshalb findet das tückische Tier seine Nahrung nicht durch den Geruch, sondern durch die Augen.

Gottes Atem wehte und säuselte und rauschte durch die Blätter der Bäume und Pflanzen im Embachparadies; die Menschen und Tiere verkündeten laut und vernehmbar die Ehre und das Lob Gottes, aber sie waren stumm und redeten nicht.

Da kochte Altvater in einem Riesenkessel den Brei der Sprachen, Töne und Laute; er gab jeglichem Geschöpf einen Esslöffel voll ein. An erster Ehrenstelle trat der Este brüderlich vereint mit dem Deutschen heran; sie erhielten das beste Oberste mit dem goldigen süssen Schaum. Daher stammen ihre zum Herzen redenden weich und lieblich klingenden Muttersprachen mit der Lust zu ernster Musik und fröhlichem Gesang, welche diese beiden edlen Völkerstämme vereint. Verspätet stürmte der Russe heran aus seinem eisigen Teufelsgarten; im Kessel war nur noch ein am Boden angebrannter widerlicher Absud, durch welchen der Russe seine barbarische unmögliche Sprache mit den schwermutvoll eintönigen Trauerliedern zur Balalaika sich aneignete.

So erscheinen schon in diesem heidnischen Stillleben vereint der Este und Deutsche, aber gestört und beunruhigt durch die Russen.

Um den vor mehr als 700 Jahren beginnenden innigen Zusammenhang der Deutschen mit Livland nachzuweisen, können aus den vielen vorliegenden Urkunden und Aktenstücken nur wenige Sonnenblicke und Lichtbilder herausgehoben werden; nebenher geht der düstre Todesschatten, durch welchen die Russen das Volksglück in Livland bedrohen und zeitweilig verdunkeln.

Die Geschichte der deutschen Hansestadt Dorpat beginnt mit dem ersten Überfall der Deutschen durch die Russen, welche damals nur das irdische Eigentum raubten und zerstörten; sie endet mit dem augenblicklichen tückischen Angriff auf Volksgeist und Seelenleben der Deutschen, Esten und Letten, um die weit vorgeschrittene Bevölkerung Livlands auf eine minderwertige Stufe geistiger Bildung und Kultur hinabzudrücken.

Deutsche Kaufleute und Ordensritter haben Livland für das Christentum und für deutsche Gesittung gewonnen und aufgeschlossen. Der alteingebürgerte Gesamtname Livland umfasst die drei engverschwisterten deutschen Ostseeprovinzen Liv-, Est- und Kurland, welche noch im vorigen Jahrzehnt von einem Generalgouverneur einheitlich geleitet und überwacht wurden; jetzt sind sie drei Einzelgouverneuren zum Strafvollzug überantwortet, um sie leichter durch Teilung beherrschen und vergewaltigen zu können.

Von den heidnischen Ureinwohnern sassen dem Lauf der Düna entlang die Liven und Kuren — die jetzigen Letten in Kurland und Vorderlivland —, neben ihnen bewohnen die Esten den Landstrich von der russischen

Grenze zwischen Neuhausen und Pleskau bis zur Meeresküste bei Reval; sie reichen den auch durch Sprache und Sage stammverwandten Finnen die Bruderhand.

Die Hansestadt Dorpat ist von Deutschen am heidnischen Embachfluss gegründet. Vor dem Bau der Eisenbahnen führte die grosse europäische Wanderstrasse von Paris über Riga und Dorpat nach Petersburg. Livlands Reichtum besteht nicht in landschaftlichen Schönheiten, aber von Riga ausfahrend erfuhren die Reisenden in Wenden das Lob der »livländischen Schweiz«; auf dem Dorpater Domberge stehend bewunderten sie den anheimelnden Ausblick in das durch deutschen Fleiss sorgsam bebaute Embachthal. Der Eindruck dieses schönen Rundgemäldes haftete dauernd in der Erinnerung als Abschied von dem letzten Gau der deutschen Sprache, zumal da Dorpat als Herz und Mittelpunkt des deutschen Livland in Geltung und Ruf stand.

Ein russischer Räubervasall, Veceska, hatte sich auf der Burg Kokenhusen in Kurland eingenistet und brandschatzte von dort aus das Dünagebiet. Die deutschen Ordensritter verdrängten ihn von dort bis zur Estenburg im Embachthal, aus dem er bald wieder mit den Russen für immer verjagt werden sollte.

Vorher wird ein kurzer Rückblick auf die erste Ansiedelung Livlands durch die Deutschen notwendig sein. Ernst Deecke erzählt den Hergang nach einer alten Chronik wie folgt:

Im Jahre nach Christi Geburt 1177 ist das fette Livland, wo vor Jahren Milch und Honig floss, durch Lübecker Kaufleute zum christlichen Glauben gekommen. Diese haben den heiligen Mann Meinardus dahingebracht, um den armen unwissenden Heiden das Vaterunser zu predigen. Von diesem Livland haben die jungen blühenden Kaufleute zu der Zeit gesagt:

»Livland ist Blivland!«

Die Ansiedelung Livlands durch lübische Schiffer vor 700 Jahren bedeutet mehr als nur ein Betreten des fremden von Heiden bewohnten Ufers und ein gewinnreiches Ausnutzen der dort verborgenen Bodenschätze. Jahrhunderte lang war schon das Land der Liven, Letten und Esten von fremden Völkern berührt worden, aber weder Skandinavier noch Slaven hatten an eine fruchtbringende Niederlassung gedacht. Mit dem Zins allein, den sie von den Bewohnern weniger Landstriche zeitweilig erhoben, hatten sich letztere begnügt, denn es ist eine Gewohnheit der Grossfürsten der Russen, ein Volk, das sie bezwungen haben, nicht dem christlichen Glauben zu unterwerfen, sondern nur zur Zahlung von Tribut und Geld zu knechten und erst nach dem Abzug des Königs der Russen, ruft der glaubenseifrige Chronist aus, kam eine Furcht Gottes über die Liven. Sie zu pflanzen, dass sie edle Blüten trieb, die weiten Wälder und Sümpfe in eine Stätte der Zivilisation zu verwandeln, war den Deutschen vorbehalten.

Der orientalische Warenzug ist allerdings schon viel früher auf den grossen Flüssen der sarmatischen Ebene in die Ostsee gelangt; die Phönizier haben auf diesem Wege den Bernstein und andres deutsches Gut zurückgebracht. Auf diesen Fahrten ist auch das Märchen vom Schwanengesang entstanden, denn am Schwarzen Meer nistet ein schwarzer Schwan, der schrille Gurgeltöne ausstösst. So entstand die Schiffernachricht, dass der Schwan vor seinem Tode Trauergefieder erhält und mit trauernden Klagetönen stirbt.

Aber diese Handelsleute waren nur Zugvögel, welche ohne irgend eine Spur des Einflusses auf Land und Leute vorüberflogen. Diese friedliche Eroberung wurde 1158 durch die päpstliche Bulle unterstützt, welche anordnete, dass Ritter und Pilger sich in Lübeck zur Dünafahrt einschiffen sollten.

Diese Aufforderung des Papstes, welcher damals die ganze gebildete und gesittete Welt beherrschte, ist das Grundgesetz für das uralte Recht und für die uralte Pflicht der Deutschen in Livland, welches ihnen befiehlt, auf die heidnischen und barbarischen Völker im Osten deutsche Gesittung zu übertragen. Diese ihre heilige Herzenspflicht können die Livländer treu und gewissenhaft nur erfüllen, wenn sie entschieden deutsch in ihrem ganzen Sein und Wesen sind und bleiben.

Hatte man an der Düna festen Fuss gefasst, so liess sich der russische Handel mit viel grösserem Nachdruck betreiben und beherrschen, als es dort möglich war, wo der Deutsche doch stets ein Fremder unter Fremden blieb.

Die Gründung einer deutschen Kolonie im Dünalande war deshalb zu Gunsten der deutschen kaufmännischen Bestrebungen geboten. Ihm gesellte sich die Predigt des Christentums bei. Bischof Albert hat dann, indem er jenen Elementen noch das Rittertum hinzuführte, einen grossen Staat ins Leben gerufen, der auf rein deutscher Grundlage ruhte. Auf den Arm des Bürgertums stützte sich das Bekehrungswerk der ersten Apostel, und an ihm fanden auch ihre Nachfolger stets die erwünschte Hilfe. Sie vergalten sie durch die Verleihung inhaltreicher Freiheiten, die für das Aufblühen der neuerrichteten städtischen Gemeinwesen von der grössten Bedeutung wurden und es ermöglichten, dass der Deutsche seine Heimat über die Düna hinaus nach Livland erweiterte.

Eine Kolonie war geschaffen, die dem Mutterlande nicht nur für das eigene und materielle Wohlbehagen reichen Gewinn brachte, sondern ihm auch ein Feld darbot, auf welchem es seine grossen von der Geschichte vorgezeichneten nationalpolitischen Aufgaben zu lösen vermochte. Der Handel der deutschen Städte und des Hansebundes auf der Ostsee hat einen eminent politischen Charakter getragen; auf seine Richtung und Stellung hat die deutsche Kolonie den wesentlichsten Einfluss geübt. Ihr äusseres Sein ist seit drei Jahrhunderten von dem der Heimat getrennt; ihre Grundvesten aber sind gerettet und der alte heimische Sinn hat sich trotz der gewaltigen Stürme unverfälscht bewahrt.

Die harmlose und friedliche Zeit der heidnischen Esten schliesst mit der durch die Deutschen beendeten ersten grossen russischen Einöde und Zerstörung und mit der Gründung des christlichen Domkapitels in Dorpat.

Erster Weihnachtabend. 1222.

Am 24. Dezember des Jahres 1222 ist die erste geschichtlich zuverlässige Urkunde über Dorpat unterschrieben worden. Die Geschichte Dorpats beginnt mit einer russischen Einöde, in welche der von Kokenhusen durch die Ordensritter vertriebene russische Vasall, Veceska, das Paradies der Esten verwandelt hatte. Lübecks Novgorodfahrern verdankte Dorpat eine deutsche Glanzzeit. Freilich schon lange vor Lübecks Erbauung ging der Handelsweg von Byzanz durch die sarmatische Ebene auf und neben den grossen russischen Strömen in die Ostsee, besonders um den im Orient für Schmucksachen beliebten Bernstein zu holen. Die Gotländer und die Deutschen auf Wisby wagten es zuerst, ihnen entgegenzukommen und für deutsche Kulturwaren Pelzwerk und Felle, Wachs, Fastenfische u. a. einzutauschen. Das reizte slavische Ausläufer, sich überall auf dieser ungeheuren Handelsstrasse und besonders an der Ostseeküste als Seeräuber und Seekönige festzusetzen, um Beute zu machen; dies gelang, aber dem Slaven fehlt die sittliche und geistige Kraft, um zu kolonisieren und zu zivilisieren. So haben sie überall vor den darin mächtigeren Deutschen zurückweichen müssen. Vom teutoburger Walde her stammt unsere Staatsordnung und Gesittung. Als Hermann den Varus besiegte, lagen die römischen Legionen am Boden, aber wie Cornelius in der Hunnenschlacht darstellte, kämpften die Geister der Erschlagenen in der Luft fort und die unten Besiegten waren oben Sieger. So empfingen die Westfalen die Kraft, christliche Städte zu gründen. Westfalen haben Lübeck besiedelt, sie brachten uns aus Soest das lübische Recht und über Bremen das Christentum, um beides nach Livland weiter zu bringen.

Um sein Lübeck zu heben und ihm einen weiten Wirkungskreis zu erwerben, hat Herzog Heinrich der Löwe dann den Seefrieden geschaffen und den Verkehr mit Russland durch Traktate sichergestellt. Um die Mitte des zwölften Jahrhunderts hat unsere Seefahrt auf Livland begonnen. Aber die Lübecker vermieden die gefährliche und unwirtliche Südküste der Ostsee; sie segelten auf Wisby und steuerten mit den dortigen Deutschen zur Insel Ösel und von dort zurück zur Düna.

Der Erzbischof von Bremen sandte mit den lübischen Dünafahrern den Livenapostel Meinhard aus, welcher sich in Üxküll als Bischof niederliess, aber das Werk der Bekehrung ging nur langsam und schwierig vorwärts. Deshalb schrieb der Papst einen Kreuzzug wider die Ungläubigen in Livland aus und ermahnte Pilger und Ritter, sich in Lübeck einzuschiffen. Da dieser Wasserweg kürzer und bequemer war als die Fahrt nach Palästina wider die wilden Sarazenen, hefteten viele Ritter auf ihre weissen Mäntel das rote Kreuz und stifteten den Orden der Schwertritter, welchen der Papst Livland schenkte; so entstand die Dreiherrschaft über Livland durch die Stände der Bürger, Priester und Ritter im Namen des römischen Reiches deutscher Nation, dessen Kaiserurkunden das Dorpater Rathsarchiv noch heute aufbewahrt. Aber erst nach einem halben Jahrhundert drangen die Deutschen bis Dorpat am Embach vor, um von dort die slavischen Ausläufer zu vertreiben.

Tartu nannten die heidnischen Esten ihre Ansiedelung am heiligen Mutterbach in ihrem Paradies, Tara war ihr Name für Gott, den Altvater und Schöpfer der Welt, deren Ende in Lappland zu erreichen die Kalewiden vergebens versuchten. Die Eiche war der dem Tara geweihte Baum und im Eichenwald auf dem Dorpater Domberg im Norden stand das Landhaus, in welchem Tara drei Sprösslinge zeugte. In ihrer Heldensage erzählen die Esten, dass Kalew, der Schmied aus Finnland, ihnen mit dem Eisen den Pflug brachte und das Ross vor denselben spannte, Kalew, der Finne, machte das Estenland urbar, pflügte die Äcker, lichtete die Urwälder und legte die Moräste trocken; der Deutsche fügte das Christentum und die staatliche Ordnung hinzu. Der Tartare und der Russe sind in allen estnischen Volksliedern und Geschichten der Teufel und der Räuber, welcher die Kulturarbeit verdarb und verwüstete.

Dorpat ist also keine Tartarenstadt, sondern die Stadt des Tara und recht eigentlich und namentlich die Stadt Gottes. Durch sieben Jahrhunderte hat Dorpat seinen Namen mit Ehren geführt und für irdische Gesittung sowie für das Reich Gottes trotz aller Fährlichkeiten erfolgreich gewirkt.

Die Esten tauften also ihren Embachort auf den Namen ihres Gottes Tara und nennen es auch heute in den Unglückstagen der Zwangsbekehrung zur griechischen Kirche Tartu. Das weiche und herzliche Niederdeutsch unserer lübischen Novgorodfahrer verweichlichte das T in D und schob zwischen die beiden harten Konsonanten r und t das mildernde ba, die gelehrten päpstlichen Mönche latinisierten aus Estnisch und Niederdeutsch Tarbatum. Wir lesen in den Hanserezessen von 1352 Darbate und 1371 Oktober 27 Darbte, dagegen hat das lübische Urkundenbuch 1338 Mai 17 Tharbete und an demselben Tage in einer andern Urkunde Tharbate und später abwechselnd Darpt. Luther schreibt seinen berühmten »Brief an die Kristen in Darbt Righe und Revel«, welche der Reformator als die ersten und eifrigsten Anhänger und Beförderer seines Werks ganz besonders liebte und hochschätzte. Das vornehm sein wollende und sich spreizende Hochdeutsch schuf daraus und liebte das voller klingende Dorpat nach dem Sprichwort des aus Leipzig berufenen Superintendenten Pfeiffer an Lübecks Marienkirche, welcher seine plattdeutsche Ehehälfte stets ermahnte zu rufen: »Pfeiffer pfeiff auf!« das mache sich würdevoller als: »Pieper piep up«! Dorpat im Dorf! lautet schöner als: Darbt im dörp! woraus sich das hässliche Beiwort: »dörptsch« hätte entwickeln können.

Lübecks hochdeutsche Tochterstadt, in deren rauchigen Trümmern durch russische Raubzüge und Feuersbrünste nur noch Raubvögel und Eulen nisteten, liessen Fleiss und Umsicht der Deutschen als Embach-Athen wieder aufleben. Aber wie Lübeck dem Fischer Luba zugeschrieben wurde, hatte Dorpat das leidige Schicksal, dass kluge Leute in unserm Jahrhundert seinen Namen Dorpat als »Dorfstadt« und »Hürde« erklärten und dass sie das Tarbatum der Mönche sogar zur russischen »Tartarenstadt« degradierten und herabwürdigten, als ob die estnisch-finnischen Ureinwohner auf dem dörptschen heiligen Domberg des Estengottes Tara plündernde Tartaren und Mongolen gewesen wären!

Im Paradies der Esten stand das uralte Haupttheiligtum auf einem Walle, der sich 100 Fuss über dem Embach und 200 Fuss über dem Meeresspiegel erhob und mit tiefen Gräben umgeben war, welche mit Embachwasser gefüllt wurden; auf dem Walle befand sich eine feste Estenburg, um die beutegierigen Russen vom estnischen Paradiese abzuwehren.

Dem Zaren Jaroslaw glückte es im Jahre 1030, sie in seinen Besitz zu bringen; er taufte sie nach seinem Vornamen in Georgenburg um. Von hier aus machten die Russen ihre Raubzüge durch das fette Livland, bis sie von den Schwertrittern zurückgetrieben wurden und mit diesen abwechselnd bis 1222 im Besitz der Estenburg waren. Am Weihnachtabend 1222 beschloss der Üxküller Bischof Albrecht von Apeldern mit seinen drei Brüdern das Schloss Dorpat zurückzuerobern. Es war schon im Besitz der Schwertritter gewesen und von diesen gut befestigt worden. 1222 war es jedoch in der Gewalt des russischen Vasallen Veceska, welcher allerlei Bösewichter und Raubgesindel an sich heranzog, auch treulose Liven und Esten; diese hatten das Üxküller Schloss, weil es das erste steinerne Gebäude in Livland war, mit Schiffsseilen in die Düna ziehen wollen. Sie hatten in letzterer die christliche Taufe wieder abgewaschen und den zweiten deutschen Bischof ermordet.

Der Odenpechter Bischof Hermann von Apeldern predigte den Kreuzzug wider die Russen und sein Bruder, der Schwertritter Johann, sammelte ein grosses Heer von Rittern, Pilgern, Kaufleuten, Liven und Esten, welches am Himmelfahrttage Mariä, am 15. August 1223, die russische Zwingburg umringte. Sie bedeckten das Feld mit Sturmschweinen und Sturmigeln und bauten einen Turm in Höhe der Burg, welchen sie an diese, den Wall abgrabend, dicht hinanschoben. Zuerst sprang Johann von Apeldern hinunter, ihm folgten die Belagerer, welche alle Menschen ohne Unterschied des Alters und Geschlechts niedermetzelten. Veceska und 200 Russen verteidigten sich am tapfersten, aber nur einer von ihnen blieb am Leben; den kleideten die Ritter aus und jagten ihn auf einem Pferde hinaus nach Novgorod, um die Niederlage anzusagen. Der Zar sandte darauf Boten nach Riga und bat um Frieden.

Hermann von Apeldern wurde erster Bischof von Dorpat und baute neben dem Schloss in sieben Jahren einen Riesendom, der sich durch Kühnheit und Einfachheit architektonisch auszeichnete; er war 262 Fuss lang, 92 Fuss breit und 70 Fuss hoch. Die Türme waren 220 Fuss hoch und das Gewölbe ruhte auf 24 Pfeilern. 19 Bischöfe haben in den 314 dorpater Glücksjahren den Dom unversehrt erhalten; Polen, Schweden und Russen zerschossen und zerstörten ihn dann, nach 400 Jahren wurde er durch ein mutwilliges Johannisfeuer ganz ausgebrannt. Die Mauern stehen noch und bezeugen der Nachwelt die Barbarei der Nachbarvölker. Der Domherrenchor ist in drei Stockwerken für die Bibliothek der deutschen Universität ausgebaut.

Bischof Hermann gründete ein mit 24 Dörfern belehntes Stift von regulierten Domherren, dessen Propst sein Bruder Romar wurde. Der Sprengel des Bistums erweiterte sich 20 Meilen hinaus bis zum Ordensschloss Neuhausen an der russischen Grenze.

Im Embachthal entwickelte sich sehr schnell die deutsche Stadt Dorpat und wurde bald ein wichtiger und gewinnreicher Stapelort des hansischen Handels. Für die Bedeutsamkeit derselben sprechen zwei uralte Zeugnisse. Bei der ersten der vielen Feuerbrünste, welche Dorpat bis vor 100 Jahren heimsuchten, kamen 2534 Einwohner im Jahre 1328 um.

1436 besuchte der Moskauer Metropolit Isidor Dorpat auf seiner Reise zur Kirchenversammlung in Florenz. Der Bericht meldet darüber:

»Vor der Stadt kamen uns Bürgermeister, Ratsmänner, die Geistlichkeit und vieles Volk mit Kreuzen entgegen und führten uns mit vieler Ehre in die Stadt. Sie ist eine grosse steinerne Stadt und hat sehr kunstreich gebaute Häuser, die wir, da wir dergleichen vorher nie gesehen hatten, mit grosser Verwunderung betrachteten. Sie hat viele Kirchen und grosse Klöster;

ein Nonnenkloster ist sehr gross und herrlich, die Nonnen kommen niemals aus demselben heraus und heissen die heiligen Jungfrauen, weil nur solche als Nonnen aufgenommen werden. Ihre Kleider sind weiss wie Schnee, auf dem Kopf haben sie einen schwarzen Kranz und quer darüber ein schneeweisses Kreuz. Es kommen keine Weltleute zu ihnen; wir besuchten sie aber mit dem Metropoliten und betrachteten mit Bewunderung ihre Lebensart. An der Seite der Stadt, wo wir herkamen, ist ein Fluss; um die Stadt giebt es Berge, schöne Felder und Gärten. Hier sind auch zwei christliche Kirchen, Christen giebt es sehr wenige in der Stadt.«

Diese Schilderung einer deutschen Hansestadt ist in mehrfachem Betracht merkwürdig und besonders deshalb wichtig, weil alles, was die Verwunderung der Reisenden erregt, den Gegensatz der deutschen Ordnung gegenüber der slavischen Verwilderung und Leichtlebigkeit sehr scharf hervorhebt. Sie ist aber auch ein glänzendes Zeugnis für die deutsche Duldung jeglichen Glaubens. Während der Metropolit nur die wenigen Russen, die dennoch zwei Kirchen haben, als Christen bezeichnet, führen die römisch-katholischen Geistlichen und Bürger die Gäste griechischen Glaubens in ihre deutsche Stadt hinein. Die Vorliebe für die griechische Kirche hat sich durch die byzantinische Kaisernichte auf das Zarengeschlecht und das russische Volk vererbt. In starrer Unduldsamkeit ist ihre Kirche allein die christliche und nennt sich auch heute noch die allein rechtgläubige.

Die Bürger Dorpats bauten als Mittelpunkt ihrer immer ansehnlicher werdenden Stadt die Johanniskirche, die von ihnen noch heute benutzt wird und 187 Fuss lang, 67 Fuss breit und 127 Fuss hoch ist. Sie pflegten den Verkehr mit Lübeck, das in allem ihr Vorbild wurde und ihnen Recht und Stadtverfassung, Gerichtswesen und Einrichtungen überlieferte; noch heute haben sich neben allem verderblichen russischen Beiwerk und dessen Stadthaupt der Rat und die Gilden der Kaufleute und Handwerker in der städtischen Verwaltung erhalten. Diese innige Verbindung mit der Mutterstadt, deren Rat noch in unserm Jahrhundert aus Livland als Rechtsoberhof angerufen worden ist, erhielt sich durch unsere Novgorodfahrer, welche über Riga heranziehend in Dorpat zum letztenmal in deutscher Luft und Sicherheit rasteten. Sie wurden hier so heimisch, dass sie an E. E. Rats Johanniskirche eine geräumige Kapelle rechts vom Altar anbauten, welche noch jetzt als lübische Kapelle bezeichnet wird. In dieser beteten sie vor der Abfahrt in die russischen Fährlichkeiten und empfahlen sich ihrem Schutzheiligen, dann hörten sie im Dom den Bischof in Pracht und Herrlichkeit das Hochamt halten und die Messe lesen. So geistig und geistlich gestärkt wagten sie den Aufbruch in die Wüstenei des russischen Erbfeindes. Denn nur 20 Meilen Weges wurden sie im Ordensland geschützt durch die Schwertritter bis zu deren Grenzschloss Neuhausen, dessen riesige Trümmer und Mauern noch jetzt nach der Zerstörung durch die Russen seine einstige Macht und Festigkeit beweisen. Gleich darnach beginnt beim Kloster Petschur das russische Wesen; Lübecks Novgorodfahrer mussten schwer gerüstet und gut bewaffnet sein, um sich durch Wegelagerer und Räuberbanden ihren Weg zu bahnen und zu sichern.

Der hansische Hof zu Novgorod war ihr Ziel als der durch Traktate umfriedete Schutzort, hier endeten ihre Warenzüge, welche unsichtbar zugleich mit den Segnungen deutscher Kultur und Gesittung befrachtet waren. 1478 fiel der Hof dennoch als Opfer zarischer Willkür und Wut. Durch die Entdeckung Amerikas nahten sich auch die Hansa und mit ihr die Glanzzeit Dorpats der Auflösung. Die Hansa hatte redlich und ruhmvoll ihre Pflicht und Schuldigkeit erfüllt, den Norden und Osten Europas aufzuschliessen und zu zivilisieren. Dorpat hatte in seiner Richtung als wichtiges Glied der Hansa und des deutschen Reiches tapfer mitgewirkt; sein Bischof sass in der Reichsversammlung zwischen dem Erzbischof von Bremen und dem Herrenmeister des deutschen Ordens von Marienburg.

Wie seitdem immer abwechselnd in Russland üblich, sah der russische Zar die Notwendigkeit der deutschen Kultur wieder ein und rief die Deutschen wieder herbei. Da der slavonische Text der Kirchenbücher nicht mehr verstanden wurde und dadurch viel Aberglauben wucherte, liess er Deutschland durch zarische Gesandte bereisen; sie sollten die lateinischen Kirchengebräuche und Messbücher studieren und heimbringen. Als kundigen Kenner derselben empfahl ihnen bei ihrer Rückkehr über Lübeck der hiesige Bischof seinen Schützling, den Buchdrucker Bartholomäus Gothan; da dieser mit den lateinischen Kirchengebräuchen sehr vertraut war, wurde er als Mithelfer an der russischen Kirchenverbesserung engagiert und mitgenommen, um zugleich die neue Kunst des Drucks mit beweglichen Lettern in Russland einzuführen. Die abergläubischen Altrussen in Moskovien wiesen jedoch all dies verderbliche Teufelswerk entschieden zurück; kurzerhand ersäuften sie den guten Meister Gothan, damit er ihre griechische Kirche nicht antaste und in ihren unverständlichen Zeremonien, die noch heute Geltung haben, störe.

Erst 1505 wurde die erste römisch-katholische Kirche in Novgorod eingeweiht.

Schon 1224 erlangte der erste Dorpater Bischof Hermann für sich und seine Nachfolger die Erhebung in den deutschen Reichsfürstenstand.

Der deutsche König Heinrich stattete seinen Reichsfürsten, den Dorpater Bischof mit allen Königsrechten aus und beschenkte ihn als Morgengabe namentlich mit dem Münzrecht, da die Ausprägung der Münzen den gebietenden Herren reichen Geldgewinn in Aussicht stellte. Aber das Münzrecht ruhte 132 Jahre unbenutzt; der geistliche Herr und Fürst musste mehr Kriegsheld sein, um sein Bistum gegen die räuberischen Absichten der Russen zu sichern. Auch die Bekehrung der mutigen Esten erforderte, dass der Bischof ihnen immer in Wehr und Waffen geharnischt gegenüberstand.

Mit dem Jahre 1356 beginnt die livländische Münzgeschichte, denn in diesem Jahre liess sich der aus Lübeck stammende Rigaer Bischof Fromhold von Vyffhusen vom deutschen Kaiser Karl IV. in einem Transsumpt das Münzrecht bestätigen und erneuern. Fromhold kannte aus seiner Vaterstadt Lübeck die Notwendigkeit und den reichen Gewinn bei der Ausmünzung; er übersiedelte nach Livland die heimischen Schillinge, Halbgulden, Thaler; die Livland eigentümlichen Ferdinge und Artiger tauchen erst später auf. Von Goldmünzen kamen nur die im Mutterlande geprägten in Verkehr.

Zu den wichtigen lübischen weltlichen Erstdrucken des fünfzehnten Jahrhunderts, welche den Unwillen des Fürstbischofs von Lübeck erregten, gehört des Dorpater Domherrn Stephan »bok van deme schakspele« mit Holzschnitten; es ist ein mittel-niederdeutsches moralisches Lehrgedicht des vierzehnten Jahrhundert in 5867 Verszeilen und zugleich ein glänzendes Zeugnis für die hohe geistige Begabung und für die gleichsam vorlutherische religiöse Gesinnung der Dorpater Domherren. Von diesen war unser Dichter Stephan derjenige, welcher die Aufsicht über das Schulwesen hatte, dem die Domherren seit der ältesten Zeit nicht allein in Lübeck, sondern auch in andern deutschen Städten eine hervorragende Thätigkeit schenkten. Stephan widmete sein Schachbuch seinem Bischof Johannes von Vyffhusen, einem Verwandten des obigen Rigaer Fromhold; mit ihnen starb das lübische Patriziergeschlecht der Vyffhusen aus. Sie verkauften ihr hiesiges Erbhaus an die Kaufmannsgilde der Bergenfahrer, von denen es an die Kaufmannschaft überging als Schütting und Posthaus; als solches kam es in den Besitz des neuen deutschen Reiches, welches dasselbe mit 90 000 Mark der Handelskammer bezahlte und es dann einem Privatmann verkaufte; das Erbe der Bischöfe von Riga und Dorpat schmückt sich noch immer mit den drei Heringen aus dem Wappenschild der Bergenfahrer, aber es beherbergt ein Wiener Café; sic transit gloria mundi. Die anstossende Strasse heisst noch heute nach dem Patriziernamen der Vyffhusen: Fünfhausen. Im Volksmund entstand dadurch das Märchen, dass Lübeck einmal ganz durch Feuer zerstört wurde und dass die Flammen nur fünf Häuser in dieser Strasse verschonten. Der Schachdichter Stephan deutet den Namen in sinnigerer Weise, indem er seinen Dorpater Bischof mit folgenden Worten rühmend erwähnt:

> Mine leven werden horen van Darpte dem forsten her Johanne,
>   enem bischope unde enem manne
>   van wyshet unde van togenden rike,
>   alse dat betuget allgelike
>   sin name, de Johannes is,
>   godes gnade al sunder list
>   van Vyffhusen al dar by,
>   dat he vulkenkommen sy;
>   de Vyffhuse sind vyf sinne,
>   dar vele dogchede schulen inne:
>   vornunft unde sachtmodigkeit,
>   dult unde othmodigkeit,
>   darto do ik de warheit,
>   desse vyve de gieven ein kleyt
>   der hilligheit unde der ehren
>   denen forsten, de sik da an keren.

Der Dichter und Domherr Stephan schildert sich selbst als Unterrichtminister im Schulbezirk des Bistums Dorpat am Schluss seiner Arbeit:

> Hir geit ut gemaket to gude
> dat schackspiel der eddelen lude,
> des bokes dichter het Stephan,
> nu well ik geven minem dichten enen ende,
> wäre ik von sinnen so behende,
> unde also leddich an minem werke
> unde dar to des lives sterke,
> dat ik da mer Konde to dichten,
> dar wolde ik mi gorne na richten;
> mer der scholen arbeit
> unde ander sorchvoldigkeit
> sekerliken, dat is war,
> maken mi dat dichten swar.

Diese Verszeilen beweisen, dass im ersten Jahrhundert nach der Gründung Dorpats das Niederdeutsch die Schrift- und Haussprache in dieser Hansestadt war und dass deutsche Art zu denken die Dorpatenser beherrschte. Noch in unserm Jahrhundert sprachen in Dorpater bürgerlichen Familien die Eltern mit ihren Kindern plattdeutsch, woran sie beim Bekanntwerden der Schilderungen von Fritz Reuter sich erinnerten. Vom Erstdruck des Stephanschen Schachgedichts besitzt die Lübecker Stadtbibliothek ein Exemplar; nach demselben gab kürzlich die gelehrte estnische-Gesellschaft in Dorpat einen Neudruck mit den Holzschnitten und mit einem Glossar heraus.

Dorpat führt in seinem Stadtwappen den Schlüssel des heiligen Petrus als Wahrzeichen, dass es nicht allein den russischen Handel aufschloss, sondern auch deutsch-christliche Gesinnung in das Slavenreich hinübertrug. Auch in diesem unserm Jahrhundert hat der Zar Alexander I. gesegneten Andenkens Dorpat das heilige Petrusamt des Schlüssels für die deutsche Wissenschaft übertragen, um Russland für die Gelehrsamkeit aufzuschliessen.

Dorpats Handel erstreckte sich weit und breit; die Stadt war der Stapelplatz des orientalischen Handels; diese Waren wurden in Dorpat niedergelegt und verzollt, bevor sie nach Deutschland und Holland weitergingen. Der Dorpater Rat sah streng darauf, dass die Waren keinen andern Weg nahmen. Zu diesem Zweck richtete der Rat an seinen Bischof oft die Bitte, er möge dem Vogt im Schloss Neuhausen anbefehlen, den russischen und orientalischen Waren den Weg über Schloss Kokenhusen in Kurland und von da nach Riga zu sperren. Die reiche Zolleinnahme aus diesen Warenzügen durfte nicht geschmälert werden.

Die glänzende und reiche Hansazeit der deutschen Reichsstadt Dorpat schliesst mit der durch den Ordensmeister Plettenberg beendeten zweiten grossen russischen Einöde und Zerstörung und mit dem Tribut und Zins des rechten Glaubens.

Zweiter Weihnachtabend. 1524.

Das Luthertum begann seine Laufbahn in der deutschen Hansastadt Dorpat am 24. Dezember 1524; die Dorpatenser haben demselben bis heute die Treue unerschütterlich bewahrt und alle römischen und griechischen Verlockungen und Bekehrungen mutig abgewiesen, obgleich schwere Sorgen und blutige Kämpfe ihr Schicksal wurden.

Der gewaltige Zar Iwan, der Sammler der Teilfürstenthümer zu einer werdenden europäischen Grossmacht, glaubte mit seinem Glaubenszins das deutsche Livland an sich und an die griechische Kirche zu fesseln, aber zur Ausbreitung und Förderung des Reiches Gottes auf Erden betraten die Weltgeschichte und die Zivilisation einen andern Weg. Der russische Tyrann kannte die vorreformatorische Bewegung des deutschen Volksgeistes nicht, er ahnte nicht, dass in Wittenberg Luther sehr bald ein neues Saatkorn in die deutsche Erde legen und durch wuchtige Hammerschläge die ganze Welt der Römlinge erschüttern werde.

Der grosse Ordensmeister Plettenberg hatte durch seinen Waffenstillstand mit den Russen für Livland eine Zeit der Ruhe und des Friedens geschaffen, welche nicht gestört wurde, da innere Zwistigkeiten den russischen Feind lähmten. In Stadt und Land erblühte das bürgerliche Leben; deutsche Betriebsamkeit stellte die alte Ordnung wieder her und schuf neue Verbindungen. Das war um so leichter möglich, da in der Hansazeit Dorpats kein äusserer Feind Livland angegriffen hatte. Mit dem Fall der Republik Novgorod in russische Gewalt war die Wichtigkeit Dorpats für die Hansa unwiederbringlich verloren, zumal da die neue Schiffahrt auf Amerika den deutschen Seehandel in ganz andere Bahnen lenkte.

Dies friedliche Glück seines Livland war die letzte Lebensfreude Plettenbergs, der 1535 in Wenden sanft zu einem besseren Erwachen entschlummerte. Die von Plettenberg geschaffene Friedenzeit ermöglichte den Livländern, sich mit ihrem inneren Geistesleben und mit dem ewigen Heil ihrer Seelen zu beschäftigen.

Die geschriebenen Pergamente und Gnadenbriefe der Kaiser, Fürsten und Herren konnten kein neues Staatsleben bewirken, weil der Geist und die Kraft der deutschen Hansa ausblieben, welche das heidnische Livland erschlossen und für christliche Gesittung gewonnen hatten. Columbus hatte den Männern für ähnliche gefährlichere Fahrten das Weltmeer geöffnet; Gutenberg ermöglichte durch seine Kunst des Drucks mit beweglichen Lettern, dass die Weisheit der Mönche und der Gelehrten auf das ganze Volk übertragen werden konnte. So waren die weiteren Weltwege gebahnt für Martin Luther, welcher für die deutsche Volksseele eine allgemeine freie Geistesthätigkeit und Herzensbildung erstrebte; sein Werk ist bestimmt, alle Völker der Erde zu beglücken und für das Reich Gottes zu gewinnen.

Christus fand seine Jünger und Apostel unter Fischern und Arbeitern; so waren auch Luthers eifrigste Anhänger Männer aus dem Volk, welche mit Luthers geistlichem Volkslied die römischen Pfaffen aus den Gotteshäusern verjagten und welche heimlich Luthers Schriften von Haus zu Haus, von Dorf zu Dorf trugen, oft mit Lebensgefahr; der Buchführer Hergot wurde deshalb in Leipzig an den Galgen gehängt; ein Sachsenherzog liess Luthers Bücher auf dem Markt durch den Henker verbrennen.

Die Durchführung der Reformation war ein Werk der Bürger, welche Leib und Leben, Hab und Gut für diese Herzenssache einsetzten und in langjährigen Kriegen vielfach verloren; der böse Feind es immer ernstlich meint. Das deutsche Mutterland hat es immer nur mit der römischen Kirche zu thun; unsere livländische Nordostmark hat das schwerere Schicksal, das Luthertum gegen die Angriffe der römischen und der griechischen Kirche zu verteidigen. Grausame List und barbarische Tücke verschärften die Verfolgung in Livland, dessen Geschichte einen 67 jährigen Glaubenskrieg auf Blutblättern verzeichnen musste. Dorpat, der geistige Vorort und der am weitesten vorgeschobene deutsche Vorposten, hat dabei am entsetzlichsten bis zu gänzlicher Vernichtung gelitten, aber deutsches Heimatgefühl und die zwingende Notwendigkeit seines Daseins an dieser Stelle haben die Embachstadt immer wieder aufgebaut und bevölkert. Die schweren Kämpfe haben das Luthertum in Geist und Gemüt aller Livländer tief und unvertilgbar eingewurzelt, nicht allein bei den Deutschen, sondern auch bei den Esten und Letten.

Nur ein Kürschner, der aus Westfalen einwanderte, war 1524 auch in Dorpat der Führer des Volks. Gegen die lateinische Messe und gegen den Unfug der römischen Pfaffen richtete sich am Weihnachtabend 1524 der Sturm und Anlauf der Dorpatenser. Es wollten die Bürger und die Männer aus dem Volk in ihrer deutschen Muttersprache Predigt und Gottesdienst hören und verstehen. Die Muttersprache ist jedem Volke eben so heilig, wie die Mutter selbst. Als die Dänen die deutsche Muttersprache der braven Schleswig-Holsteiner anzutasten versuchten, haben sie unsere fette Nordmark verloren. Ähnliche Bestrebungen der Russen in Polen, Livland und Finnland waren seit Jahrzehnten erfolglos; jetzt sollen sie gewaltsam durchgeführt werden. Der Prokureur des heiligen Synod der russischen Geistlichkeit beherrscht als rechte Hand des Zaren und unumschränkten Selbstherrschers das weite russische Reich. Er befiehlt, dass die uralt deutschen Livländer in unserer einstigen fetten Nordostmark russisch sprechen, denken und glauben sollen.

Der Weihnachtabend war es nach 300 Jahren wieder, an welchem Dorpat auf dem Fels des Luthertums neugegründet wurde. Seine katholische Zeit endete mit der Belehnung des Erzbischofs Jasper vom 16. Dezember 1520 durch den römischen Kaiser Karl V. Seine Erklärung, dass die livländischen Bischöfe stets zur deutschen Nation gezählt seien und dass sich daher auch auf sie das zwischen Kaiser Friedrich III. und Papst Nikolaus V. abgeschlossene Konkordat beziehe, wird von ihm in Brüssel am 20. April 1522 unterschrieben.

Luther schätzte die Livländer als seine ersten und eifrigsten Anhänger; 1523 schrieb er seinen berühmten Brief an die Christen in Livland zu Dorpat, Riga und Reval. Denselben erklärte er im nächsten Jahre den 127. Psalm und warnte sie besonders vor Geiz und Sorge um zeitliche Nahrung; dagegen legt er ihnen die Gründung von Schulen und die Versorgung der Prediger ans Herz.

Als diese Druckschrift in Dorpat verbreitet wurde, waren die Bürger nicht mehr zurückzuhalten; sie traten kräftig für die reine Lehre ein und wollten das Weihnachtfest mit der neuen Predigt feiern. Am Weihnachtabend 1524 vertrieben sie Priester, Mönche und Nonnen aus den Klöstern und den zwölf Kirchen Dorpats und reinigten diese vom Bilderdienst. Ausserdem verlangten sie vom Rat die Herbeirufung Tegtmeyers aus Riga.

Er predigte in der Johanniskirche zweimal am 2. Februar 1525 und dann täglich während des ganzen Monats; auch erklärte er lateinisch den Propheten Maleachi. Wie Bugenhagen in Lübeck ordnete er gleichzeitig den evangelischen Gottesdienst und das Schulwesen Dorpats. Tegtmeyer soll aus Lübeck stammen.

Lübecks Bürgersöhne wirkten so in alter und neuer Zeit bedeutsam in und für Dorpat, dessen frühere Zugehörigkeit zum deutschen Reich 1522 vom Kaiser urkundlich bestätigt wurde.

In der gewinnreichen Hansazeit Dorpats hat kein äusserer Feind das von den deutschen Ordensrittern beschützte Livland angegriffen; dadurch waren diese einst gewaltigen und gebietenden Schutzherren unserer fetten und ergiebigen Nordostmark dem Kriegshandwerk entfremdet und nicht auf die neuen barbarischen Einfälle der inzwischen geeinten und erstarkten Russen kriegstüchtig vorbereitet.

Vom deutschen Volk und seinem Kaiser preisgegeben und verraten, hadern und streiten in Livland geistliche, adlige und bürgerliche Machthaber mit einander und mit ihren Staatsangehörigen. Einheitliches Zusammenfassen aller Kräfte hätte unsere blühende und wichtige Nordostmark retten und uns erhalten können; aber die mächtige

Eisenfaust eines kaiserlichen Herrschers fehlte leider. Plettenberg, der grosse und umsichtige Herrenmeister des deutschen Ritterordens bewirkte einen kurzen Stillstand des hereinbrechenden Verderbens; derselbe ermöglichte dadurch der reinen und in Wahrheit rechtgläubigen Lehre des Luthertums, Livland geistig und geistlich zu erobern und im Geist und Gemüt seiner Bewohner für Zeit und Ewigkeit sich einzuwurzeln.

Plettenberg jagte nach der blutigen Schlacht vor Fellin im Jahre 1501 die räuberischen Heerhaufen der Russen über Dorpat und Schloss Neuhausen zurück bis an die russische Grenze bei Pleskau, wo er sie 1502 gänzlich besiegte. Aber mit dieser letzten grossen Anstrengung waren die Widerstandskräfte Livlands erschöpft; Plettenberg befand sich in der Notlage, vom Zaren Iwan III., der nach drei Jahren starb, einen 50jährigen Waffenstillstand zu erkaufen, indem er einen Zins des rechten Glaubens bewilligte. Der Bischof von Dorpat sollte denselben für das gesamte Livland zahlen, obgleich Dorpat und sein Bistum durch die rohe und barbarische Kriegführung der Russen am härtesten misshandelt war. Plettenbergs Gegner war alt geworden. Erst Mitregent seines Vaters regierte Iwan von 1462 bis 1505 als Alleinherrscher; er befreite Russland vom Tartarenjoch, unterwarf sich als Grossfürst von Moskau sämtliche Einzelfürsten und heiratete Sophia, die Nichte des letzten byzantinischen Kaisers Konstantin. Dadurch vermeinte er ein Anrecht auf den kaiserlichen Doppeladler im Wappen zu haben, indem er zugleich den fabelhaften Ritter Georg zum Schutzpatron der Zaren machte. Schlimmer als diese heraldische Spielerei war die Anmassung, Schutzherr und Oberhaupt der griechischen Kirche zu sein.

Der Zar nahm aus der Nichteinhaltung der Zahltermine den Vorwand zur Kriegserklärung vom November 1557. Rauchende Trümmer bezeichneten in altgewohnter Weise seinen Weg; Stadt und Bistum Dorpat mussten wie stets am meisten und für ganz Livland leiden. Tartarenhorden überschwemmten das blühende fette Livland, dessen reiche und fruchtbare Ebenen in mit Leichen und Schutthaufen bedeckte Einöden verwandelt wurden. Dorpat kam in die schlimmste Not; ein grosser Teil der Landbevölkerung hatte innerhalb seiner Mauern Schutz und Rettung gesucht; die Strassen, die Plätze, die Kirchhöfe waren voll hungernder Menschengestalten; zehntausend anderer Männer, Weiber und Kinder, die nicht mehr in die Stadt hineingelassen wurden, lagen in den Aussengräben der Festung. Abends hörte man in der Stadt das Stöhnen und Wimmern der Unglücklichen, die nach und nach dem Hunger, der Kälte und den russischen Geschossen erlagen. Es wurde stiller, immer stiller, zuletzt ganz still, — aus zehntausend Menschen waren zehntausend Leichen geworden.

Das ist russische Art und Weise der Beglückung und Zivilisation. Nach dieser Greuelthat zogen die Russen ab und kehrten erst nach sechs Monaten zurück, um die eigentliche Belagerung Dorpats zu beginnen.

Der Versuch der Edelleute Taube und Kruse, zu gunsten des Polenkönigs Dorpat den Russen zu entreissen, erbitterte die russische Besatzung so sehr, dass sie ein furchtbares Blutbad unter den unschuldigen Bürgern anrichtete; tagelang dauerte das Morden; wer das nackte Leben rettete, wurde in die Sklaverei nach Russland verschleppt. Leergebrannt war die deutsche Heimatstätte, wilder Stürme rauhes Bette. Elf Kirchen waren unbrauchbar, dienten als Speicher und Kalköfen oder waren mit Pfaffen und Mönchen besetzt. Nur die eine und einzige Johanniskirche blieb den lutherischen Deutschen und Esten gemeinsam; sie wurde der Mittelpunkt, um welchen Deutsche und Esten sich wieder zu neuem bürgerlichen Leben anbauten.

Hunger und Seuchen, Brand und Mord begleiteten stets die russischen Eindringlinge; der schwedische Gesandte Uhlefeld fand Dorpat 1575 so verwüstet, dass er nur schwer in einem benachbarten Dorfe Herberge und Unterkommen fand. Kurz darauf meldet der deutsche Prinz von Puchau, dass ein gemeiner skytischer Pöbel Dorpat bewohne, weil alle alten Einwohner gemordet, verjagt oder in die Sklaverei verschleppt und weil alle Gebäude verfallen sind.

1582 mussten nach 24jährigem Verderben die rechtgläubig-griechischen Russen weichen vor den römisch-katholischen Polen, welche eine mit den Spuren früherer deutscher Kultur bedeckte russische Einöde vorfanden, die sich nie mehr zu der früheren glücklichen Blüte erheben sollte, deren sie sich durch die friedliche Wirksamkeit der hansischen Kaufleute, welche deutsche Ordnung und Gesittung dem Osten zuführten, während einiger Jahrhunderte erfreut hatte.

Pest und Mord, Brand und Hungersnot, Raub und Verbannung hatten während eines halben Jahrhunderts auf der Tagesordnung in Livland gestanden, öde und wüst waren Stadt und Land. Dorpat lag in Asche und Trümmern, in denen Wölfe heulten und Raubvögel nisteten; seine früheren Bewohner trauerten in weiter, unwirtbarer Ferne und verkümmerten in einer babylonischen Gefangenschaft. Es war kein gewöhnlicher Krieg, den die Russen begonnen, die Schweden und Polen ausgebeutet hatten; er glich nicht den übrigen Feldzügen des Jahrhunderts, auch nicht dem 30jährigen Kriege, obgleich dieser blutig und verwüstend war; er glich vielmehr jenen Mongolenzügen durch Vorderasien, welche die uralte Kultur ganzer Reiche bis auf die Spur vertilgten. Eine ähnliche Art der Kriegführung, Niederbrennung der Städte, Zerstörung der Felder, Wegschleppung und Ermordung der Einwohner verwandelten Liv- und Estland in eine völlige Wüste. Kein Teil des

Landes hatte aber unter der Not der Kriegsjahre so schwer geseufzt, als das unglückliche Dorpat, das in 24 Jahren zweimal von Russen und Tartaren, einmal von Polen und einmal von Schweden belagert wurde, dessen Umgebung abwechselnd von den genannten Feinden und ausserdem von dänischen und deutschen Streifscharen geplündert und verheert worden war.

Im Jahre 1578 kam der Schwede zum erstenmal nach Dorpat. Dann wurden die Polen erst wieder am Weihnachtabend 1600 durch den später als König Karl IX. Schweden beherrschenden Herzog von Südermanland, freilich nur auf zwei Jahre, vertrieben. Erst 1622 näherten sich die Schweden wieder und 1625 war unsere gute deutsche Stadt Dorpat wieder ein Opfer der Flammen, so dass eine Viertelmeile im Umkreis der Stadt weder Haus noch Hütte zu finden war.

König Gustav Adolf von Schweden erschien endlich im Herbst 1626 persönlich in Dorpat und hielt seinen Einzug mit der Zusicherung, dass er Livland niemals wieder dem polnischen und jesuitischen Unwesen preisgeben und überliefern werde. Dieser gefeierte Siegesheld des Luthertums überschüttete besonders Dorpat mit Heil und Segen. Er bereicherte die Stadt durch Einrichtungen, die dem ganzen Lande dienten und sie so in Wahrheit zum Herzen Livlands machten; dahin gehören namentlich das Hofgericht und das Oberkonsistorium. Aber noch mehr richtete er seine Aufmerksamkeit und Thätigkeit auf Schulwesen, Gelehrsamkeit und allgemeine Bildung. Der grosse König errichtete eine königliche Schule mit drei Schulgesellen und ein lateinisches Gymnasium mit acht Professoren. Gustav Adolf krönte dann sein Werk durch Errichtung einer Universität mit siebzehn Professoren, deren Jahreseinkommen 300 Thaler betrug; er schenkte der Universität Landgüter mit einem Ertrage von 5333 Thalern.

Aber eine meuchelmörderische Kugel ondete zu früh das Leben dieses grössten Schwedenkönigs. Das Luthertum und Livland wurden dadurch gleich hart geschädigt; der Inhalt seines Lebens war seinen Nachfolgern und deren Trabanten nicht mehr Herzenssache. Ihr Bestreben ging nur dahin, sich zu bereichern und die leider in ihre Verwaltung geratenen deutschen Provinzen auszusaugen und auszubeuten. Indem sie der Dorpater Universität den Landgüterbesitz raubten, geriet auch diese ins Stocken; der schwächliche Wiederanfang im Jahre 1690 war von zweifelhaftem Wert und ohne Erfolg.

Gustav Adolfs Wort, welches die Polen für ewige Zeiten beseitigte, ist wahr geworden; aber die russischen Jesuiten erneuern in unsern Tagen die livländischen Glaubenskämpfe des sechzehnten Jahrhunderts.

Der Entscheidungskampf im nordischen Kriege wurde langsam vorbereitet. Russland erstarkte durch Zar Peter; die Macht der Schweden sank und selbst der kühne Karl XII., dessen Lebensgeschichte beinahe einem Roman gleicht, musste erliegen, weil er keinen Rückhalt am deutschen Volk und seinem römischen Kaiser hatte.

Die Deutschen wussten sich immer im Embachparadies zu behaupten; es war ihnen beschieden, auch aus allen Kämpfen, die auf ihrem Grund und Boden ausgefochten wurden, siegreich hervorzugehen. Diese Kämpfe waren aber von so furchtbaren Einbussen begleitet, dass man sich wohl fragen konnte, ob der Preis die aufgewandten Opfer wert sei.

Das neu wiederaufblühende Glück des deutschen bürgerlichen und häuslichen Lebens lockte Peter, den grossen Zaren, herbei und weckte seine Begierde, Livland zu besitzen. Als Ersatz für den zerstörten hansischen Hof gründete Ivans Nachfolger die deutsche Sloboda bei Moskau, eine eigenartige deutsche Kolonie, in der alle Deutsche und besonders viele Vertreter und Residenten deutscher Städte und Fürsten wohnten; sie hatten den Vorzug voller Freiheit für Gottesdienst und Schulwesen ihrer Bekenntnisse. Dadurch entwickelte sich diese urdeutsche Kolonie so grossartig und bedeutsam, dass nach zwei Jahrhunderten Zar Peter als junger Herrscher ganz in dieselbe übersiedelte. Hier lernte er Ordnung und deutsches Wesen in Sitten und Gebräuchen, in Handel und Gewerbe kennen; schnell erkannte er, dass dies alles dem russischen Volke fehlte und doch so notwendig war. Der Schweizer Lefort wurde sein vertrauter Lehrmeister in der Staatskunst und erzog ihn in der deutschen Sloboda zu dem grossen und gewaltigen Fürsten, welcher Russland in das europäische Völkerleben einfügte.

Zar Peters erste Studienreise ging nach Holland, um den Schiffbau, der den Russen unbekannt war, zu erlernen. Später bereiste er die deutschen Fürstenhöfe, um eine Braut auszuwählen für seinen Sohn, den er nach einigen Jahren als seinen Gegner und als Haupt der Altrussen und Strelitzen hinrichten liess. Des Gemordeten Frau ist durch Zschokkes Erzählung der Schicksale der Prinzessin von Wolffenbüttel sehr bekannt geworden. Haarsträubende Geschichten werden von Zar Peters Aufenthalt in deutschen Residenzen berichtet; in ihnen offenbart sich die ganze Jämmerlichkeit des deutschen Michel nach dem Elend des dreissigjährigen Krieges.

Zar Peter kehrte 1702 heim über Lübeck; das pokulierende Festmahl wurde abgehalten in dem Prachtsaal eines Hofes bei Trems, der seitdem von der lübischen Erde verschwunden ist. Der Zar wohnte in der Breitenstrasse der Jakobikirche gegenüber in dem Würfelhaus, in dessen Flügel ein Saal für ihn in holländischem Geschmack mit eichenen Sitzbänken ringsum an den Wänden hergerichtet wurde. Im Vorzimmer war in den Fussboden ein messingenes Schild mit drei Spielkarten eingefügt; auf diese drei Karten hatte ein früherer Besitzer das Haus im Spiel verloren.

In Dänemark werden noch jetzt Landgüter Würfelhöfe genannt, weil sie im dreissigjährigen Kriege in ähnlicher Weise verwürfelt wurden. Auf der Diele des holländischen Hauses in der Breitenstrasse hing ein grosses Ölgemälde mit einem Schimmel, auf dem ein Kriegsheld mit alter Helmzier ritt und angeblich Peter vorstellen sollte. Peter der Grosse verabschiedete sich von Deutschland mit dieser lebhaften Erinnerung an die von Nachbarfürsten angefachte und dauernd unterhaltene wilde Kriegsfurie, durch welche das römische Kaiserreich deutscher Nation ohnmächtig und gelähmt wurde, um langsam hinzusiechen und zu verscheiden. Dies bekräftigte den Zaren in seinem Bestreben, für das russische Reich eine erweiterte deutsche Sloboda in der deutschen Provinz Livland, die von Kaiser und Reich schon lange den Erbfeinden preisgegeben war, zu gewinnen und zugleich die Schweden noch mehr von der diesseitigen Ostseeküste zu verdrängen. Scheremetjew musste deshalb Deutsch-Livland erobern und verwüsten. Damals wurde nur das irdische Hab und Gut zerstört; nach zwei Jahrhunderten ist jetzt eine neue Heimsuchung über das schöne deutsche Land hereingebrochen. Um die vorgebliche russische Volkseinheit, die nie bestand und nie bestehen wird, zu vervollständigen, werden Protestanten, Katholiken und Israeliten zur griechischen Kirche und zur Annahme der russischen Sprache bekehrt und gezwungen. Durch Antastung und Verlust ihrer geistigen und ewigen Lebensgüter sollen sie auf eine niedrigere Kulturstufe hinabgedrückt werden.

 Peters des Grossen Ziel im Norden wurde durch Scheremetjews Raubzüge in dreifacher Richtung erreicht. Die Livländer wurden scharenweise vom Greis bis zum Säugling über Moskau hinaus fortgetrieben, um als Samenkörner deutscher Kultur die Russen zu Menschen zu machen, wie eine alte Chronik schreibt. Das entvölkerte

Livland bot Raum zur Übersiedelung von Russen, hauptsächlich aber war die von unseren Hansestädten schon lange gefürchtete freie Schiffahrt auf das deutsche Volk und damit die unmittelbare Berührung mit der europäischen Bildung gewonnen. Zur Umschlingung Europas dasselbe Ziel im Süden durch das Mittelmeer zu erreichen, ist des Zaren Nachfolgern bis heute nicht geglückt.

In der Tochterstadt Lübecks, der guten Hansestadt Dorpat, hausten die Russen am bösartigsten, »bis nichts mehr zu verwüsten war«, wie Feldmarschall Scheremetjew seinem Herrn und Meister Peter meldete. Sie wurden durch den Leichtsinn der schwedischen Gewalthaber unterstützt; diese hatten durch Kundschafter erfahren, dass die Russen von Pleskau heranzogen gegen Narva. Narva ist die östlichste deutsche Stadt: von dort aus planten die Russen 1704 einen neuen Raubangriff auf das »fette« deutsche Livland, um es den Schweden zu entreissen. Letztere wollten ihnen beim Peipussee zuvorkommen: sie fuhren den Embach hinunter mit 14 Schiffen, 108 Kanonen und allen Musketieren, welche aber erst bei der Mündung des Embach in den Peipus Pulver, Blei und Flintensteine erhalten sollten. So waren sie wehrlos in der Nacht des 4. Mai, in welcher sie sich mit ihren Offizieren so nachhaltig betranken, dass sie in der Morgendämmerung von den russischen Landsoldaten überrumpelt und mit ihren 14 Schiffen und 108 Kanonen in deren Gewalt gerieten. Der nähere Weg war nun frei auf Dorpat, welches im Innern Livlands durch den Handel mit Lübeck die reichste Stadt und der fetteste Bissen war.

Am ersten Pfingsttage, dem 4. Juni, wurde Dorpat von den Russen eingeschlossen und am 13. Juli begann der Sturm auf die ausgehungerte wehrlose Stadt, der Festungswerke, Soldaten und auf den Bastionen die mit den 14 Kriegsschiffen geraubten 108 Kanonen fehlten. Am giftigsten richtete sich die rechtgläubig griechische Wut gegen die lutherischen Kirchen. Von den Bomben fielen 57 in die Marienkirche und 37 in Eines Edlen Dörptschen Rats Johanniskirche mit der lübischen Kapelle; letztere hat sich bis heute erhalten und führt noch jetzt diesen Namen. Diese wurde unter kaiserlichen Schutz gestellt und dadurch von den zwölf Kirchen Dorpats allein erhalten; denn Zar Peter eilte als Triumphator herbei und liess den Befehl vorausgehen, dass er mit seinem Sohn nach fünf Tagen, am 18. Juli, in der Johanniskirche die lutherische Predigt anhören wolle. Nach seiner Abreise führte sein Statthalter Narischkin in vier Jahren das aus, womit die schwedischen Professoren, »wenn sie die Nasen zu stark begossen«, schon 1690 gedroht hatten; sie wollten in sechs Jahren alle Deutschen aus Livland vertreiben, wozu mit der schwedischen Reduktion und Beraubung der Landgüter der Anfang gemacht war.

Peter der Grosse persönlich liebte und schätzte Livland; er fand dort in einem lutherischen Landpfarrhaus ein Soldatenkind, das Mädchen von Marienburg, die seine zweite Gemahlin wurde und als Katharina die Erste Russland beherrschte. Er fand in Livland aber auch eine feste deutsche Rechts- und Staatsordnung, die seinem Russland ganz fehlte; er kapitulierte deshalb mit den Ständen Livlands und garantierte ihnen alle ihre deutschen Vorrechte und Freiheiten. Auch den Dorpatensern versprach er dies in der Johanniskirche; er wolle ihre Privilegien noch mehren, sie sollten grösser und wichtiger werden, als in der schwedischen Zeit.

Aber der Altrusse Narischkin verstand die Sache anders. Nach und nach trieb er die ausgeplünderten Dorpatenser über Wologda nach Moskau, Ustiga, Kasan und weiter ins russische Elend. Vor ihrer Abreise wurden sie ermahnt, ihr wertvolles Hab und Gut daheimzulassen, weil sie bald heimkehren würden; am russischen Thor wurden ihre Taschen und Kisten untersucht und vollständig ausgeleert.

Aber die Altrussen hatten des keinen Gewinn. Sie verschleppten 1708 den ganzen Dorpater Raub mit der Bibliothek in sechs Kramfässern nach Pleskow, wo bald darauf die Pest ausbrach und fast alle Einwohner tötete; in dieser Verwahrlosung entstand eine Feuersbrunst, welche nicht allein alle Leichen und Häuser, sondern auch das ganze den Dorpatensern geraubte Hab und Gut vernichtete.

Nach der Predigt am 23. Februar 1708 wurde plötzlich trotz Winterkälte der letzte Rest der Dorpatenser mit dem Oberpastor Grotjan und dem Justizbürgermeister Remmin auf den Schub gebracht; es waren 250 Notabeln Eines Edlen Rats und der Gilden der Kaufleute und Handwerker mit ihren Familien und Hausgenossen. Durch die Tortur waren von Bürgern und Bauern falsche Bekenntnisse über verräterischen Verkehr mit den Schweden erpresst. Einige Ratsherren und Ratsverwandte wurden gehängt. Die übrigen wurden beim russischen Thor ausgeplündert und dann, von 734 Soldaten bewacht, in das russische Exil fortgeschleppt. Von den Bastionen wurden ihnen Freudenschüsse nachgefeuert, dann wurden die Kanonen umgekehrt und auf die Stadt gerichtet, um diese zu vernichten. Als lutherischer Leuchtturm erhielt sich nur, weil durch das zarische Anhören der Predigt geheiligt, die Johanniskirche mit der lübischen Kapelle. Sie war nur umgeben von schwarzrauchigem Gemäuer, in welchem giftige Schlangen brüteten, Raubvögel nisteten und wilde Tiere nächtigten. Die deutsche Hansestadt war wüste und leer; es gab nichts mehr zu verwüsten nach Scheremetjews eigener Beglaubigung. Vor 485 Jahren war der Grundstein zu Dorpats hansischem Wohlstand gelegt; durch 150 Jahre hatte er die Beraubung durch Polen, Schweden und Russen überdauert, aber so kläglich und trostlos endete dieser Reichtum von deutschem Glück und Geld im Schaltmonat des Jahres 1708 durch die Barbarei der Russen.

Peter der Grosse, der sein russisches Reich in die europäische Staatengesellschaft einzuführen versuchte, betrachtete und schätzte Livland nur als Ehrenpforte, durch welche er hinausziehen und europäische Sitten heimbringen wollte. Dieser weltgeschichtlich bedeutende Zar wusste nur zu gut, dass Land und Leute seinen Unterthanen nur nützen konnten, wenn Livland in seiner bewährten ständischen Staatsverfassung und in seiner uralten deutschen Ordnung aufrecht erhalten wurde. Er sandte deshalb seinen zarischen Minister Freiherrn von Löwenwolde nach Riga mit dem Auftrag, den livländischen Landesstaat in seiner bisherigen deutschen Art und Weise als deutschen Rechtsstaat wieder aufzurichten und zur Verstärkung des adligen Elements in der livländischen Landesregierung die mit barbarischer Strenge eingezogenen Landgüter an ihre rechtmässigen Besitzer zurückzugeben.

Löwenwolde brachte als Morgengabe der neuen Liebesverbindung eine Resolution mit, durch welche sein Herr und Meister alle Vorrechte und Besonderheiten des Deutschtums ungeschmälert zusicherte. In Erwägung der hohen Wichtigkeit dieser Angelegenheit geschah dies ohne Rückhalt und in vollem Ernst; denn Zar Peter kam darauf selbst nach Riga und besiegelte sein Vorhaben durch eine neue Resolution vom 1. März 1712. Er versprach in diesem Gnadenbriefe feierlich noch einmal, der livländisch-deutschen Ritterschaft Livland bei seinen Freiheiten und Privilegien zu belassen und dieselben eher zu augmentieren als zu deminuieren. Er reiste dann nach Deutschland zur Betreibung eines Planes, bei dem ihn Prinz Eugen, der edle Ritter von Savoyen, lebhaft unterstützte: er wollte sich auf Grundlage der Eroberung Livlands in das heilige römische Reich deutscher Nation aufnehmen lassen und sich im deutschen Reichstag auf die vakante livländische Bank setzen, neben der einst der Erzbischof von Bremen und der Ordensmeister von Marienburg ihre Sitze hatten. Der russische Zar griechischen Glaubens beantragte beim römisch-katholischen Kaiser deutscher Nation, ihn mit dem deutschen Reichslehn Livland in Gnaden zu belehnen. Wäre dies zweideutige Unterfangen geglückt, so hätte das deutsche Volk es erleben können, dass im Bundestag seiner Fürsten neben dem Niederländer und dem Dänen der Zar tagte und für das deutsche Volkswohl sorgte. Die Weltgeschichte verzeichnete aber in ihren Annalen, dass der Selbstherrscher des russischen Reichs Livland als ein deutsches Reichslehn ansah und urkundlich anerkannte. Zar Paul freilich liebte es dennoch als Nachkomme einer verarmten holsteinischen Prinzessin, die sich für ihren Zarensäugling eine Amme aus Kiel nachkommen liess, in seinen wahnsinnigen Träumen und Spielereien mit seiner holsteinischen Leibgarde sich als Herzog von Holstein zu brüsten und aufzublasen. Diese Maskerade gipfelte in einer russischen Erbhuldigung in Jever im Wesergebiet; aber bei der Erbteilung des heiligen römischen Reiches deutscher Nation im Jahre 1805 hatte der vortreffliche junge Kaiser Alexander seinen heimlichen Einfluss auf die Angelegenheiten des deutschen Volks schon so gekräftigt und gehoben, dass die freie deutsche Reichsstadt Lübeck empfindlich übervorteilt und geschwächt wurde. Die lübischen Staatsmänner mussten sich mit der Domkirche, dem Vorstadtdorf Genin und den Kurien der Domherren begnügen; der reiche und grosse Landbesitz des Domkapitels, der mit dem Gelde und mit den Kirchensteuern der Stadt Lübeck erkauft und zusammengebracht war, fiel durch den schweren Druck, mit dem der Zar die Verhandlungen lähmte, an die russisch-verwandten Oldenburger, deren Ahnen als Scheinbischöfe von Lübeck im Lübecker Dom begraben sind; die Häuser der Stadt Lübeck reichen schon jetzt fast bis an den Grenzpfahl ihres bischöflichen Fürstentums Lübeck, das erb-

und eigentümlich der freien Hansestadt Lübeck gehören sollte. Der klare und scharfe Blick des Zaren Peter erkannte schon 1712 die Ohnmacht des römischen Kaisertums in Deutschland; es war nur noch ein Götzenbild, auf dessen Altar die Türkensteuer zwar geopfert wurde, aber ohne den notwendigen ernsten Erfolg, dem Übermut der Türken zu steuern und den Sultan nach Asien zurückzuwerfen. Da Österreichs Kräfte für diese Aufgabe nicht ausreichten, übernahm Zar Peter vorweg als Erbstück und Morgengabe Livlands diese unumgängliche europäische Staatspflicht, die Napoleon in das von ihm gefälschte Testament Peters einschmuggelte und die in das europäische Schicksalsbuch als unwiderrufliches Fatum eingetragen ist.

Peter kehrte unverrichteter Sache heim in sein junges heiliges Petersburg im finnischen Sumpfe, dessen Pesthauch und schlechtes Trinkwasser gut genug waren für 3000 Moskowiter, welche auf seinen Befehl in seine neue Hauptstadt, die er nicht näher an den Seeweg, an Deutsch-Livland und dessen Mutterland heranrücken konnte, übersiedelt wurden. Unterwegs raubte er schnell aus dem herzoglichen Schloss in Mitau 2500 Bände, welche der Grundstock für die Büchersammlung der Petersburger Akademie der Wissenschaften geworden sind. Gute deutsche Arbeit wissen die Russen immer zu finden und rasch zu ergreifen.

Zar Peter hatte vorläufig mit den Türken Frieden geschlossen, um den nordischen Krieg in Ruhe und ohne Zwischenfälle beenden zu können. Vorher ordnete er sein Verhältnis zum deutschen Reichslehn Livland; er wollte dasselbe nicht als Scheremetjewscher Eroberer besitzen, sondern suchte für diese wichtige Erwerbung ein rechtliches und gesetzliches Fundament. Er vereinbarte mit den Ständen des von Löwenwolde wieder hergestellten livländischen Landesstaats die Kapitulationen und liess sich im Nystädter Friedensschluss 1721 Livland von den Schweden abtreten. Durch diese Traktate ist der zarische Zusammenhang mit Livland geregelt und unter den zuverlässigen Rechtsschutz des europäischen Staats- und Völkerrechts gestellt. Deutscher Fleiss und mutige Zähigkeit, deutsche Ordnungsliebe und christliche Gesinnung haben im Jahrhundert der Reformation durch Martin Luther die Hansestadt Dorpat wieder aufgebaut. Nach alter hansischer Sitte regierten wieder vier Bürgermeister und neun Ratsherren die Stadt; die grosse und die kleine Gilde der Kaufleute und der Handwerker unterstützten sie dabei. 1586 kaufen sie eine neue Orgel für ihre Ratskirche, widersprechen aber lebhaft der Anlage neuer Befestigungen. 1584 erhält der Rat eine Einladung zum vierzehnten Hansetage in Lübeck und die Kaufleute verschreiben lübische und englische Waren. Aber ärmlich und erbärmlich ist das Leben in der verwüsteten deutschen Hansestadt. Es ist ein chronikales Ereignis, dass sich ein Wunderdoktor und Goldmacher in derselben ansiedelt. Handel und Handwerk stocken und sind durch russisch-polnische Herrschaft fast ganz vernichtet.

Ein katholisches Bistum ist in Wenden wieder eingerichtet; das Dorpater Stapelhaus für englische Waren ist, nachdem es ein Jungfrauenkloster war, jetzt Hauptsitz und Kollegium der Jesuiten, die zur Bekämpfung des Luthertums gegründet waren und die jetzt das deutsche Livland unumschränkt regieren und alle von den Polenkönigen zugesicherten Privilegien und Rechte vernichten.

Wieder ist es der Weihnachtabend des Jahres 1600, welcher die erste frohe Botschaft und einen Sonnenstrahl lutherischer Hoffnung bringt, indem die Schweden zum zweiten Mal vor den Thoren Dorpats erscheinen.

Am Luthertum hat das deutsche Livland seitdem unerschütterlich und unverbrüchlich festgehalten, aber es musste und muss dasselbe gegen die mächtigen Angriffe der römischen und griechischen Abgötterei verteidigen, während das deutsche Mutterland nur die zivilisierten Römlinge als Gegner kennt und selbst in einem dreissigjährigen Kriege nicht abschütteln konnte. Das deutsch-livländische Tochterland war während zweier Jahrhunderte ein blutiges Schlachtfeld für Russen, Polen und Schweden. Dorpat hatte, als das Herz Livlands, am meisten zu leiden; in 70 Jahren wurde es siebenmal belagert, erobert und geplündert. Stadt und Vorstädte, Haus und Hof, Feld und Wald wurden weit ins Land hinein zerstört, wüste und leer war mehreremale eine Wegmeile im Umkreis Dorpats; die Zahl seiner Bürger sank auf 35. Und dennoch wurde von Augenzeugen gerühmt, dass seine Befestigungen so stark und uneinnehmbar seien, wie diejenigen der Mutterstadt Lübeck.

Religion, Recht und Verfassung haben die Russen bei ihrer erstmaligen Festsetzung im hansischen Dorpat feierlich gelobt und zugesichert; Polen und Schweden sind ihnen darin gefolgt und haben alle diese Rechte und Privilegien bestätigt; seit Peter dem Grossen erbt sein gleichlautendes Kaiserwort im Zarengeschlecht weiter und geht von einem Herrscher auf den andern über. Alles irdische Hab und Gut opferten die Dorpatenser, wie alle Livländer stets bereitwillig den russischen Vasallen und Räubern; sie retteten oft nur das nackte körperliche Leben, aber mit ihm auch die unantastbaren ewigen Güter des geistigen deutschen Lebens. Diese sind ihnen garantiert und gewährleistet durch Kaiserwort und die Livländer sind und bleiben zu gunsten und Ehren dieses Zarenworts gute und treue Deutsche.

Die schweren und harten Kämpfe und Jugendjahre des Luthertums schliessen mit der dritten russischen grossen Einöde und Zerstörung durch Scheremetjew und den Kapitulationen der Stände Livlands mit Peter, dem grossen Zaren.

Dritter Weihnachtabend. 1802.

Der deutschen Wissenschaft verdankt Dorpat, wie einst der Hansa und dem Luthertum, seine dritte Neubegründung im Jahre 1802, und merkwürdigerweise wieder am Weihnachtabend. Wir verliessen unser verlorenes Estenparadies, als Tortur und Galgen, Bomben und Stadtbrand, Schlangen und Raubtiere die russische Herrschaft einführten und begannen. Wilde Wölfe umheulten die vereinsamte lutherische Johanniskirche. In das warme deutsche Nest mit den grünenden und fruchtreichen Gärten und Feldern, welche ihr Metropolit Isidor einst gerühmt hatte, würden sie sich gern eingenistet haben, aber die durch Russen entstandene Wüstenei mieden sie wie die Pest in Pleskow, unter deren Schrecken der reiche Dorpater Raub verbrannte.

Zar Peter überzeugte sich bald von dem Fehlgriff seiner Generale, welche seine Befehle missverstanden haben wollten. Als Peter aus der Fremde heimkehrend sich das verwilderte und verwüstete Dorpat ansah und dort in rauchigem Gemäuer nur Schutt und Wölfe, Schlangen und Raubvögel antraf, bedachte er, dass ohne deutsche Beihilfe hier nichts Neues geschaffen werden könne. Der Zar erinnerte und erbarmte sich der verschleppten und dezimierten Dorpatenser und befahl im Februar 1714 deren Rückkehr aus Wologda.

» Nach der Heimat immerdar
Sehnt der Deutsche sich auf Erden,
Wie die Blumen aus dem Tau
Sich zur Sonne wenden,
Muss er nach der Heimat Gau
Herzensgrüsse senden.«

So empfand auch der Rest der in Wologda schmachtenden Dorpatenser.

»Er ward nicht der Fremde Kind,
Er war heimgeboren,
All sein Denken ging im Wind
Heim zu Dorpats Thoren.«

Daheim war Eines Edlen Rats ausgebrannte lutherische
Johanniskirche der Magnet und feste Leuchtturm, unter
dessen sicherm Schutz die verarmten Dorpatenser das verlorene Paradies ihres deutschen Familienglücks und Stilllebens wiederfinden und das Eden und Eldorado, das ihnen
schnöde und mutwillig zerstört war, am Embach neu begründen wollten.

Ärmlich und erbärmlich aber war in den ersten Jahrzehnten das Leben; Bürgersinn, Fleiss und Zähigkeit der
Deutschen gelangten nur langsam und durch mühselige
Arbeit dazu, die russische Einöde wieder wohnlich und
nutzbar umzuschaffen.

»Die deutsche Armut« ging mutig an die schwere
Arbeit, ihr Paradies wieder bewohnbar zu machen. 1719
sandte Zar Peter hundert Dukaten, um die Johanniskirche
neu zu schmücken. 1741 wurde die lübische Kapelle ganz
umgebaut und durch Emporsitze mit dem Ratsstuhl für
den Gottesdienst benutzbarer gemacht.

Nach der trostlosen russischen Verwüstung sich zu
erholen und zu ermannen, gelang den verarmten und
unglücklichen Dorpatensern diesmal leichter und schneller,
weil die mächtige Beihilfe der beiden grossen deutschfreundlichen Herrscher Peter und Katharina II. sie in
ihrem mühseligen Beginnen unterstützte und erfreute. Sie
erwarteten freilich grössere Erfolge von Stapelrecht und
Zunftzwang; statt diese verbrauchten Zöpfe einer ruhmreichen Vergangenheit rasch in die Rumpelkammer zu
werfen, prozessierten und zankten sie in kleinlicher Selbstsucht um entwertete Vorrechte und Handelsverbote und
machten erbittert Jagd auf Bönhasen, die als Männer der

Zukunft der freien Arbeit und der Gewerbefreiheit die Wege bahnten, auf welchen sich später der Fabrikbetrieb im Grossen entwickeln und ausbreiten konnte. Pergamente und Gnadenbriefe geben ihren Geist auf, der sie diktierte, aber der durch sie erstarkte deutsche Bürgersinn ist das ehrliche Erbe der Väter, das sich von Geschlecht zu Geschlecht fortpflanzt und in die fernste Zukunft hinauswirkt bis in das tausendste Glied, wie die Verheissung lautet. Die grosse Gilde versuchte sogar den sehr lebhaften Handel der Dorpater Januarmesse zu beseitigen; dieselbe hat sich jedoch trotz aller Anfechtungen bis in unsere Tage erhalten.

Erst um die Mitte des achtzehnten Jahrhunderts war der mühsame Neubau von meist hölzernen Häusern so weit vorgeschritten, dass an ein Erwecken und Erwachen des geistigen Lebens gedacht werden konnte. Der Rat gründete die Töchterschule und die estnische Volksschule; das lateinische Gymnasium, welches Gustav Adolf gestiftet hatte, wurde wieder aufgerichtet. Alles in schweren Kämpfen und Sorgen Gewonnene wurde aber durch drei fast vernichtende Feuersbrünste in Frage gestellt. Da rettete die mächtige Schützerin der Deutschen, die grosse Kaiserin Katharina II., Dorpat für eine bessere Zukunft. Sie hatte anfangs wieder eine Soldatenstadt beabsichtigt, ihr Feldzeugmeister Villebois war vier Jahre hindurch beschäftigt, Schanzen und Wälle aufzuwerfen für eine neue Befestigung, gegen welche die Bürgerschaft lebhaften Widerspruch erhob. Eine Grenzfestung war jetzt zwecklos, denn der gefährliche Landesfeind, dessen Einfälle sie abwehren sollte, der Russe, war jetzt unumschränkter Herr im deutschen Livland.

Die Gründerin der Petersburger Akademie der Wissenschaften begünstigte den Plan, welchen der Prediger Staden schon der Zarin Elisabeth vorgelegt hatte. Die Wiederaufrichtung der Universität wurde auf die Tagesordnung Dorpats gesetzt.

Aber die Stadt war abgebrannt und der Landstrassenverkehr in Livland lag im argen. Löwenwolde hatte die erste livländische Poststation gebaut; der Prediger Staden empfahl eine Kanalverbindung von Pernau nach Dorpat, welche durch den Embach in den Peipussee und so in die erste russische Stadt Pleskau gelangen sollte. Es wäre ein Ersatz für die alte hansische Handelsstrasse gewesen, Dorpat wäre wieder das Emporium und der natürliche Stapelplatz für den russisch-deutschen Warenzug geworden, vorher war es erst wieder aufzubauen. Die Kaiserin Katharina schenkte dazu 10000 Rubel und gab 6000 Rubel zum Bau einer steinernen Brücke über den Embach; ein Vorschuss von 100000 Rubeln, der nach zwanzig Jahren zurückgezahlt wurde, ermöglichte den Bau von Steinhäusern, für welche die Steine der alten Festungsmauern verwandt wurden. Aber erst 1798 wurden der Universität für ihre Gebäude der Domberg und unterhalb desselben der Platz der Marienkirche zugewiesen. Eine Fundation durch Landbesitz wurde leider abgelehnt und eine jährliche Gewährung von Geldmitteln vorgezogen.

Aus den Vorarbeiten der Dorpatenser, um ihre Stadt den Musen und der Gelehrtenwelt wohnlich zu machen, sind vier wichtige Momente hervorzuheben.

Das hansische Dorpat war fast bis auf die letzten Spuren verweht; die Patriziergeschlechter und die Bürgerfamilien waren zerstoben oder ausgestorben; sogar die schwarzen Häupter hatten sich nach dem letzten grossen Brande nicht mehr sammeln und vereinen können. Greifbar waren aus dem alten Dorpat nur noch übrig die Domruine und die Mauern der Johanniskirche, in welche Altar und Kanzel aus dem Pleskauer Brande gerettet zurückkehrten. Aber die Erinnerung an die ruhmreiche Vergangenheit erhielt sich im Stadtarchiv durch wenige Pergamenturkunden der deutschen Kaiser. Diese lockten drei als Geschichtsforscher bekannte Männer herbei: Gruner, Sahmen und Gadobusch. Das neue Dorpat ist ihr Werk; im Justizbürgermeisteramt auf einander folgend, haben sie es unter schweren Sorgen und Fährlichkeiten geschaffen und ihren Nachfolgern als köstliches Erbe hinterlassen, welche in gleicher Tüchtigkeit auch spätere Schwierigkeiten überwanden.

Wie Sahmen für sein Dorpat sammelnd eintrat und seine Geschichte schrieb, leistete der Pommeraner Gadebusch dasselbe für das ganze Livland durch seine Bücher und Sammelwerke, welche für jeden livländischen Historiker unentbehrlich sind.

Gadebusch vertrat Dorpat würdig auf dem ersten und einzigen merkwürdigen russischen Reichstage, den die Kaiserin Katharina in Moskau abhielt. Sein häusliches Leben und das abgebrannte Dorpat schildert der Berliner Gelehrte Bernouilli in der Beschreibung seiner Reise durch Livland. Beim Mittagessen war durch die französische Hausherrin die französische Sprache vorherrschend; zugegen war auch ein adliger Notar, der seine zweifelhafte Verwandtschaft mit dem in Rom herrschenden Papste rühmte. Er hätte sich bei dem Berliner Gaste vielleicht besser empfohlen durch die Erzählung, dass sein kaufmännischer Vater in Lübeck einen schöngeistigen Ehrenplatz einnahm und als Urbild von Engels Lorenz Stark in Geltung stand; gerade dessen nüchterne geschäftliche Weltanschauungen waren für das sich langsam erholende Dorpat notwendig.

Dieser Hinweis erinnert zweitens an die stolze und innige Verbindung der Livländer mit der neueren deutschen Litteratur; die Dorpater lateinische Schule bildete unter ihren ersten Zöglingen den lokalberühmten Dichter Karl Petersen aus und den vielbesprochenen Reinhold Lenz, der als Freund Goethes im Elsass und in Sesenheim, bei Goethes Schwager und am weimarischen Musenhof viel verkehrte, bis dieser hochbegabte Dichter bei Moskau im Elend starb. Als wertvollere Gegengabe kam Herder nach Riga und wirkte sehr günstig für Erneuerung des Schulwesens und der allgemeinen Bildung; er ist der Schöpfer einer freieren Geistesbethätigung und wurde dabei unterstützt durch seinen Freund und Verleger Hartknoch, der dem Buchhandel die noch immer reichlich fliessende livländische Absatzquelle erschloss.

Goethes Jugendgenosse, der schöne Max Klinger, welcher durch sein Schauspiel »Sturm und Drang« der damaligen Litteraturperiode den Namen gab, hatte eine vielseitigere und eingreifendere Stellung; als Schwiegersohn der Kaiserin Katharina und als Kurator der Universität Dorpat hat er dieser den ersten Lebensweg geebnet und ihr den Goetheverehrer Karl Morgenstern und den Lieblingsschüler Kants Jaesche mit dessen handschriftlichem Nachlass zugeführt. Diese drei Männer haben dem ersten Vierteljahrhundert der Dorpater Universität die Signatur gegeben und ihr einen schriftlichen Schatz überwiesen, der für die deutsche Litteraturgeschichte wichtig ist. Auch August von Kotzebue gehört in diesen Kreis, der 1809 in Dorpat eine Zeitschrift, betitelt: Geist aller Journale in 158 Nummern drucken liess.

Damit erreichen wir die dritte Vorarbeit für die Universität durch Gutenbergs edle Kunst; sie debütierte mit einem Versuch, die im Mutterland beginnende volkstümliche Heilkunde nach Livland zu verpflanzen; dies war um so notwendiger, da das flache Land kaum ein Dutzend kleiner Städte zählt und als Ersatz der ärztlichen Hilfe auf die Hausmedizin angewiesen ist.

Die erste Dorpater Buchdruckerei musste vorläufig auf dem benachbarten Schloss Oberpahlen eine Zuflucht suchen, wo sie 1782 Wildes livländische Abhandlungen zur Arzneiwissenschaft in zweiter Auflage 418 Quartseiten druckte.

Bald darauf nach Dorpat übergeführt und von Lübeckern geleitet, fand sie die Unterstützung des Rates durch Übergabe der amtlichen dörptschen Zeitung, welche seit 1788 durch alle russischen Klippen und Brandungen deutschgesinnt steuerte, aber in ihrem 87. Jahrgange gleich der rigaschen Zeitung als Opfer der russischen Zensurwillkür eingehen musste. Die Universität bereicherte die Druckerei durch orientalische und altsprachliche Lettern, sowie durch Druckaufträge, unter denen besonders die berühmten astronomischen Beobachtungen von Struve hervorragten.

Als viertes Ereignis ist die Stiftung der gemeinnützigen und ökonomischen Societät nach den Vorbildern in Basel, Lübeck und Riga zu nennen; ihre Thätigkeit ging über die Stadt hinaus und förderte den Ackerbau durch Zeitschriften und praktische Ratschläge. Daran schliesst sich der Besuch des Grafen Zinzendorf, welcher in Dorpat eine Herrnhutergemeinde gründete; obgleich der Unwille über das Sektenunwesen ihr oft heftig hemmend entgegentrat, ist ihr segensreicher Einfluss auf das Landvolk nicht zu leugnen, da sie dasselbe in nüchternem und religiösem Leben unterrichtete.

Die Landbewohner hatten gleich den Dorpatensern am schwersten durch die Kriegsverwüstungen gelitten; der Landgüterbesitz war durch die böswillige Güterreduktion besonders in schwere Stockungen und Schwankungen verfallen, mancher Adlige war verarmt. Gleich dem obenerwähnten adligen Notar, haben sich einige reiche Lübecker Kaufmannssöhne durch Heirat oder durch Kapital von Geist und Geld auf die livländische Adelsbank gesetzt. Auch Dorpats Gilden der Kaufleute und Handwerker haben viele Lübecker als Gildenbrüder aufgenommen. So ist Dorpat seit den hansischen Glückszeiten des Bischof Vyfhusen bis in unsere Tage durch Familienbande mit Lübeck innig verknüpft.

Aus allem Vorstehenden erhellt, dass alle geistigen Bestrebungen des Mutterlandes im 18. Jahrhundert auf Livland übergingen; mit schweren Sorgen und Kämpfen hatten die Dorpatenser in harter Arbeit die Heimstädte vorbereitet, auf welche die deutsche Universität erblühen konnte.

Im Jahre 1802 wohnten schon wieder 3534 Dorpatenser in 86 steinernen und 454 hölzernen Häusern.

Der Kaiser Alexander I. unterschrieb am Weihnachtabend dieses Jahres den Ukas zur Gründung der Universität mit dem Zusatz, dass diese deutsche Universität für ewige Zeiten in der Stadt Dorpat bestehen soll.

Die Familie des ersten Dorpater Rektors, dessen freundschaftliche Beziehungen zum Kaiser bekannt sind, bewahrt als Kleinod einen eigenhändigen Brief des Kaisers, in welchem er betont, dass er den Ukas der Stiftung am deutschen Weihnachtabend unterschrieben habe, um ihn seinem deutschen Freunde als Geschenk auf den Weihnachttisch zu legen. Auch der Ausbau der Domruine zur Bibliothek war ein Lieblingsgedanke des Kaisers, der Dorpat mehrere Male besuchte, um den Bau zu beaufsichtigen und zu fördern. Der Schutz der deutschen Universität sind solche persönliche Thaten und Worte der russischen Kaiser! An einem Kaiserwort soll man aber nicht deuteln und nicht mäkeln!

Auf Grund dieses Kaiserwortes hat die Universität bisher deutsch mit grossen ruhmvollen Erfolgen für das ganze russische Reich gewirkt, unter dem Schutz dieses Kaiserbefehls ist sie aus allen Fährlichkeiten und Angriffen unberührt hervorgegangen. Jetzt soll von ihr die deutsche Wissenschaft in der für dieselbe unmöglichen russischen Sprache gelehrt und das griechische Kreuz soll geküsst werden.

Lübecks Traveufer und seine Schuppen haben in diesem Sommer Scharen von Israeliten beherbergt, welche aus ihrer russischen Heimat verjagt wurden, wie einst die Dorpatenser aus dem Estenparadies. Die Vertreibung der Juden ist eben so geglückt, wie die Verschickung der Polen; demnächst werden die Deutschen und die Finnländer an die Reihe kommen; es ist das Rätsel der nächsten Zukunft, wer von beiden zuerst in Angriff genommen wird. Sieben Jahrhunderte deutscher Arbeit und deutschen Fleisses unter der Herrschaft der deutschen Hansa, des Luthertums und der deutschen Wissenschaft sollen verloren sein. Zerstört werden alle Stützen der deutschen Lebensordnung: Bildung und Familienleben, Recht und Rechtlichkeit, Religion und Sprache. Das deutsche Livland soll spurlos verschwinden aus Europa, welches diesem verwerflichen Treiben müssig und lässig zuschaut, ohne zu bedenken, dass jenes teuflische Vorgehen gegen Christen und Juden nur das Vorbild des Schicksals ist, welches Europa bereitet werden soll.

»In hundert Jahren ist Europa kosakisch!« weissagte schon Napoleon I. Die jetzigen Russomanen träumen, dass im nächsten Jahrhundert 200 Millionen Russen gleich Hunnen und Vandalen das übrige Europa knebeln und überschwemmen werden.

In den livländischen Schulen geht der Russo jetzt mit der Russifizierung systematisch vorwärts; von der untersten Klasse an ist jedes deutsche Wort verbannt, es wird nur russisch gelehrt und gelernt. Einer der russischen Gewalthaber tröstete mit der Aussicht, dass dadurch einige livländische Generationen verkommen und verkümmern werden, darnach würden aber nur echte Russen Livland bewohnen. Die despotische Gewaltherrschaft kann eben nur slavische und sklavische Unterthanen gebrauchen, welche ungebildet russisch plappern und gedankenlos griechisch rechtgläubig sind.

Caveant consules, ne quid detrimenti capiat Germania! Zum Glück für Europa haben die Macht und die Einigkeit des deutschen Volks jetzt einen festen Halt und zuverlässigen Mittelpunkt im deutschen Kaiser.

Aus seiner beschaulichen Welteinsamkeit ist Dorpat endlich durch Gasbeleuchtung und Eisenbahnverbindungen der modernen Welt näher gerückt. Dorpat ist eine Wanderstadt geworden, deren Bewohner rasch und lebhaft wechseln und auf einander folgen. Professoren und Edelleute, Bürger und Studenten finden dort keine bleibende Stätte; ihre Dorpater Studien bringen ihnen reichen Gewinn für ihr ganzes Leben, doch nach kurzer Rast wandern sie wieder fort. Das universelle Leben und Forschen, sich weit über kleinliche Sprach- und Volksunterschiede erhebend, bereichert eben jeden nach seinen Wünschen und bildet Weltbürger. Aber alle, welche über Ratshof oder über das weisse Ross abreisen, begleiten nicht mehr, wie Prediger Grotjan 1708 schreibt, herzzerreissende Jammertöne, Klagelaute und Kanonenschüsse. Wenn die Burschen heimwärts ziehn, singt und klingt es wehmütig durch die friedlichen Strassen:

»Bemooster Bursche zieh ich aus,
Behüt' dich Gott, Philisterhaus!«

Dieses Komitatlied ist vielleicht auch schon in Dorpat verboten wie jenes andre, seit Jahren eingebürgerte:

»Deutsche Laute hör' ich wieder,
Sei gegrüsst mit Herz und Hand,
Du mein deutsches Vaterland!«

Als Hoffmann von Fallersleben, aus Paris von sprachlichen Studien heimkehrend, am Rhein dies gute deutsche Lied dichtete, ahnte er nicht, dass es im deutschen Livland einmal werde verboten werden. Es ist dies auch nur eine Errungenschaft der jüngsten Tage. Dasselbe Lied wurde vor Jahrzehnten einmal auf dem Dorpater Markt gesungen und von einem Spion unter peinliche Anklage gestellt. Von Petersburg aber kam die Entscheidung, man könne ein ähnliches Lied in russischer Sprache den Russen nicht verbieten, deshalb seien auch die deutschen Sänger straffrei, aber man möge ihnen den guten Rat erteilen, sich immer vorsichtig umzusehn, wer in ihrer Nähe sei. Spione und Denunzianten stehen bei den Machthabern, denen sie ihre Gemeinheiten zutragen und zutrauen, immer in schlechtem Ruf und Ansehn.

Jetzt sollen nicht allein den Deutschen, sondern auch den Esten und Letten die Muttersprachen geraubt werden. Das ruchlose Treiben geht so weit, dass sogar in den Anstalten für Taubstumme und für Blinde die bewährten deutschen Lehrer fortgejagt und durch Russen ersetzt werden, die ihren aus drei den neuen Lehrern fremden Sprachgebieten stammenden Zöglingen nichts nützen können. Die Unterbrechung vernichtet ausserdem alles bisher mühsam Erlernte dieser bedauernswerten Pfleglinge.

Armenkinder schossen auf einen Adler, der eine Kugel mit einem Scepter in der Klaue hält. Der Russe freute sich lächelnd über dies Kindervergnügen, welches wohlthätige Damen eingerichtet hatten; er lud letztere dann aber vor die Geheimpolizei, welche das Spielen der Kinder als einen hochverräterischen Angriff auf die griechische Kirche und als ein Schiessen auf das heilige Kreuz auslegte, obgleich das schräg verschränkte orientalisch-griechische Kreuz gar keine Ähnlichkeit mit einem Scepter hat. So stempelt man die unschuldigste Sache und Rede zum Kirchenspott, der mit Verbannung nach Sibirien bestraft wird.

Die russischen Zwangsbekehrungen und Massentaufen mit griechischem Salböl sind gefährlich und despotisch, denn alle Nachkommen aus gemischten Ehen verfallen unerbittlich und erbenerblich der griechischen Kirche, welche auf einem inneren geistigen Wert und Inhalt ihrer Lehre sich nicht aufbaut, sondern ihre Erfolge durch polizeiliche Strafgewalt erzielt. Sie duldet keinen Rücktritt und kein Übergehen zu einem andern Bekenntnis, jede Belehrung und Mahnung in dieser Richtung wird ebenso mit Verbannung nach Sibirien bestraft, wie das Eingehen auf die Unterscheidungslehren in Gespräch und Predigt, welches als Verspotten und Antasten der griechischen Kirche ausgelegt wird. Kriminelles Verbrechen ist sogar das unbewusste Spenden der Sakramente an griechisch Umgetaufte. Da hierauf sich besonders die Aufmerksamkeit der überall umherschleichenden Spione richtet, sind von den hundert lutherischen Geistlichen Livlands schon siebzig in Kriminaluntersuchungen verwickelt, und es ist eine mathematische Gewissheit, dass den dortigen evangelischen Pfarren allmählich die Gemeinden abhanden kommen, da nur noch gemischte Ehen möglich sind und da diese nur Christen liefern, wie schon vor einem halben Jahrtausend der Metropolit Isidor die Bekenner der griechischen Kirche ausschliesslich nennt; alle übrigen Europäer sind Heiden. Wie die russische Volkseinheit ist aber auch die Glaubenseinheit nur eine Fabel und ein Kindermärchen, da die Russen seit alter Zeit Abfall und Sektenwesen geliebt haben und da der Polizeikampf gegen Altgläubige und Abtrünnige nie endet.

Während drüben unverstandene slavonische, lateinische und hebräische Formeln und Fremdwörter stehen, öffnet das Luthertum in den Muttersprachen die Herzen für Gebet und Gottesdienst. So erzieht es seine Bekenner in protestantischer Duldung für eine allgemeine christliche Kirche zu edleren geistigen Anschauungen, deren Ausbreitung über alle Völker der Erde seine Mission und Weltaufgabe ist.

Der Kaiser von Russland hat seinen Herrscherwillen ausgesprochen, dass durch strafrechtlich peinliche Verfolgung keine Märtyrer und Glaubenszeugen geschaffen werden sollen. Seine Majestät begnadigt deshalb die so verurteilten livländischen Prediger, aber in echt russischer Art verbessert das Ministerkomitee diesen persönlichen Gnadenakt des Zaren und Oberhaupts der griechischen Kirche durch den Zusatz der Landesverweisung aus Livland. Im übrigen Russland sind aber nur wenige immer besetzte lutherische Pfarren; so werden die vom Kaiser begnadigten aber landesverwiesenen Livländer dennoch brotlose Märtyrer und müssen notgedrungen im deutschen Mutterland einen neuen Platz für ihre Thätigkeit suchen. Trotzdem hat kürzlich eine Synode livländischer Prediger, von denen dreiviertel angeklagt sind, einmütig beschlossen, in Übereinstimmung mit einem früheren kaiserlichen Worte den Rekonvertierten wie bisher die Sakramente in lutherischer Weise zu spenden.

Der Prokureur des heiligen Synod der russischen Geistlichkeit beherrscht als rechte Hand des Zaren und unumschränkten Selbstherrschers jetzt das russische Reich. Er befiehlt, dass die uralt deutschen Livländer in unserer einstigen Nordostmark russisch sprechen, denken und glauben sollen.

Die deutsche Hansa, das Luthertum und die deutsche Wissenschaft haben Livland grossgezogen und ihm den überwältigenden Einfluss verschafft, durch welchen die Livländer seit Jahrhunderten dem russischen Volk gedient und genützt haben. Diplomatie und Finanzen, Heer und Beamtentum, Handel und Gewerbe, Ackerbau und Viehzucht, Schulwesen und Gesundheitspflege, die ganze öffentliche Wohlfahrt und Staatsordnung des russischen Reichs bezeugen das unwiderleglich. Das vorhandene Gute stammt von den Deutschen, von denen viele als trostlose Opfer dieser aufreibenden Kulturarbeit gestorben und verdorben sind. Wir schauen sehnsüchtig in die ferne Zukunft hinaus und erwarten den vierten Weihnachtabend mit dem Heiland, welcher die augenblicklichen russischen Wirren beseitigt und, sich stützend auf des deutschen Volkes Macht und

Einheit, auch das schöne fette Livland auf politisches Staatsleben neu gründet.

Der Gedanke der Kaiserin Katharina, Dorpat zu einer Soldatenstadt auszubilden, ist in jüngster Zeit verwirklicht, obgleich vor 60 Jahren das Marinekorps als unverträglich mit Studenten vor denselben weichen musste. Zar Nikolaus wollte Livland vom Weltverkehr ausschliessen; er baute deshalb südlich vom Peipussee zur preussischen Grenze die Petersburg-Pariser Eisenbahn, an welche Riga und Reval nur mühsam Anschluss erlangten. Sein Sohn sandte 1872 den russischen Generalstab nach Moltkeschem Vorbild auf seine erste Studienreise zur Ausarbeitung eines Planes, um Allerhöchst sein Deutsch-Livland vor dem deutschen Erbfeind zu schützen. Zur Ausführung desselben hat der Enkel Livland mit strategischen Bahnen durchkreuzt und dessen drei bisher fast militärfreie Gouvernements mit neugeschaffenen Regimentern belegt; die Aufnahme des Oberkommando wurde in Warschau und Wilna abgelehnt, es hat sich in Dorpat eingenistet und brütet dort über den Feldzugsplänen und dem Aufmarsch seiner Regimenter wider den deutschen Reichsfeind.

Das deutsche Volk kennt seine Stammgenossen und Brüder in unserer Nordostmark nicht mehr und hat sich selbstsüchtig von ihnen abgewandt, wie die Schweden von den Finnländern, denen ein ähnliches russisches Schicksal wie den Livländern und Polen bereitet wird.

Mit Krieg und Blut sind die Herzen aller Livländer für das Luthertum gedüngt. Dasselbe ist durch vier Jahrhunderte schwerer Not und Trübsal in ihre Seelen eingegraben und unvertilgbar eingewurzelt. Dies echte und unverfälschte Gottesbewusstsein ist für Deutsche, Esten und Letten eine feste Burg, ein' gute Wehr und Waffen, seitdem in Livland die Dome der deutschen Bischöfe Ruinen sind und seitdem die Schlösser der deutschen Ordensritter in

Trümmern liegen. Dorpat, Kokenhusen und Neuhausen sind steinerne aber beredte Zeugen und Märtyrer der Wahrheit. In guter protestantischer Duldung sind die Livländer immer allen religiösen Bekenntnissen freundnachbarlich gesinnt gewesen, aber unter lebhafter Abweisung aller Auswüchse und Angriffe.

> Dennoch der böse Feind
> Es ernstlich wieder meint,
> Gross' Macht und viel List
> Sein' grausam Rüstung ist!

So wird Dorpats dritte Weihnachtzeit, welche der deutschen Wissenschaft dient, augenblicklich gehemmt und unterbrochen durch eine geistige russische Einöde und durch den bitterbösen Drohruf der Russomanen:
Vae victis! Wehe den Besiegten!

Lübecks Jubeljahr 1893.

Im Jahre des Heils Christi 1143 ist die deutsche Wendenstadt Lübeck auf dem Hügel zwischen Waknitz und Trave zum zweiten Mal gegründet worden. Als die nordischen Gletscher und Eisberge zu Wasser wurden, überschwemmten sie auch Lübecks Tiefebene und führten aus Schweden, von der Insel Ösel und Dagö, aus Estland und Kurland, Gestein und Felsstücke, aus Finnland Granite herüber; die handgreiflichen Beweise dafür sammelte das geologische Museum in Lübeck und zeigt sie in einer Schaustellung neben den Schätzen aus dem Steinalter und aus der Eisenzeit dieser Gegend. In rückläufiger Kulturbewegung steuerten die Lübecker nach Schweden und besonders nach Wisby und segelten mit den dortigen Deutschen zur Insel Ösel und von da zurück zur Düna. Welcher mutige Mann dieselbe zuerst hinauffuhr und sein Schiff im Schilf anbindend Livlands Ufer betrat, bleibt im dunklen Schoss der Urzeit verborgen; verschollen ist sein Name und verweht ist seine Spur; die thätigen Pfadfinder unter den Kauffahrern und Schiffern dichteten keine Jahrbücher, sondern überliessen dies müssigen Rittern und Priestern, welche nur die Thaten ihrer Helden verherrlichten.

Lübecks erstes und ruhmreichstes Hauptwerk ist Livlands Besiedelung und Erwerbung für das deutsche Volk, dessen norddeutsche Kaufleute sich unter seiner Oberherrlichkeit erst hundert Jahre später im Handelsbunde der Hansa vereinten. Herzog Heinrich der Löwe unterstützte seine Stadt, indem er durch Traktate mit den räuberischen Seekönigen und slavischen Teilfürsten den Ostseefrieden erwirkte. Auch Roms Bischöfe, welche damals die Oberherrschaft über ganz Europa hatten, liessen ihre Machtworte erschallen und sandten gläubige Ritter und Pilger, um das livländische Bollwerk gegen die Russen zu festigen und zu schirmen. Schon Papst Hadrian IV. erkannte die Gefahren, durch welche die Russen Europas Christentum und Gesittung seit tausend Jahren bedrohen, und giebt einen deutlichen Fingerzeig darauf in jener Bulle vom 21. Februar 1159, in welcher das Gebiet und die Wirksamkeit des norddeutschen Erzbistums bestimmt und geordnet wurden. Freilich weit hinter ihm in wesenlosem Scheine lag, was uns alle ängstigt, das gemeine Unwesen der Barbaren.

Für den Weltkanzler in Rom verhüllt sich unser deutsches Küstengebiet in eben so tiefes Dunkel, wie für uns das geheimnisvolle Innere von Afrika, das ihm vielleicht geläufiger war; statt nach Norden hinaufzuschauen,

verirrt er sich nach West und Ost. Die Nordsee ist ihm
der Ozean, in welchen die Elbe hinausfliesst; unsere Ostsee ist das orientalische Meer. Der Italiener wusste nur
vom Hörensagen, dass Karavanen sich durch die Räuber
und Wegelagerer der slavischen Ebene mit Lebensgefahr
hindurchschlugen, um in unsere Ostsee zu gelangen und
den Bernstein zurückzubringen; deshalb nennt er ihr Ziel
das »orientalische Meer.« Der Kanzler in Rom weiss nichts
von den vier wasserreichen deutschen Strömen: der Düna
und dem Niemen, der Weichsel und der Oder, welche sich
in die Ostsee ergiessen. Obgleich durch das Mittelglied
des Embach letztere damals mit dem ersten russischen
Landsee, dem Würzjerw bei Pleskow in Verbindung stand,
sind in Rom die beiden deutschen Grenzflüsschen Narova
und Embach, deren Anwohner das Ende der Welt in
Lappland suchten, unbekannt. Um die Richtung anzudeuten,
in welcher das Ende seiner gesitteten Welt sich findet,
hat der Kanzler die kleine Peene entdeckt. Weit hinter
ihr in nebelhafter Ferne liegt die provincia Slavorum, das
ist das Räubergebiet der Barbaren. Die Bulle lautet
deutsch:

»Bischof Hadrian, Diener der Diener Gottes, seinem
geliebten Sohn Hartwich, Erzbischof von Bremen, und
seinen Nachfolgern für alle Zeit. Da Wir nach dem
Uns von Gott verliehenen Apostelamt, durch welches
Wir über alle Christengläubigen gemäss der Anordnung
des obersten Richters hervorragen, den Frieden und
die Ruhe des einzelnen schützen müssen, so müssen
Wir besonders für deren Sicherung sorgen, welche
mit der geistlichen Würde angethan und zum Bischofsamt befördert sind. Denn wenn Wir nicht diese Bedürfnisse in Acht nehmen, ihre Würden und Rechte,
soweit Wir mit Gottes Hilfe können, nicht unversehrt
bewahren und sie nicht mit dem apostolischen Ansehen

gegen die Angriffe unbilliger Menschen verteidigen, so können Wir nicht wahrhaft beruhigt sein über das Heil derjenigen, welche ihnen von Gott zur Leitung anvertraut sind. Durch Überlegung dieses Verhältnisses bewogen, gewähren Wir Dir, Bruder Erzbischof, gnädig Deine gerechten Forderungen und nehmen die genannte Kirche, welcher Du nach Gottes Willen vorstehst, in des heiligen Petrus und Unseren Schutz und bekräftigen es durch Verleihung dieses Schreibens, indem Wir festsetzen, dass alle Besitzungen und alle Güter, die diese Kirche zur Zeit mit weltlichem und geistlichem Recht besitzt oder in Zukunft durch päpstliche Verleihung, durch Schenkung von Königen oder Fürsten, Darbringung von Gläubigen oder auf andere rechtliche Weise mit Gottes Beistand erlangen kann, sicher und unverrückt Dir und Deinen Nachfolgern verbleibe, auch die Immunitäten und Grenzen, nämlich die Elbe hinunter bis zum Ozean und wiederum im Gebiet der Slaven (per Slavorum provinciam usque ad fluvium Pene) bis zum Fluss Peene und um seinen Lauf bis zur Ostsee (et per ejus decursum usque ad mare Orientale).

Auch die angebauten und nicht angebauten unterhalb oder neben der Elbe gelegenen Sümpfe, welche Kaiser Ludwig guten Angedenkens einst der hamburgschen Kirche in gültiger Weise geschenkt und dieselbe Kirche besitzt, bestätigen Wir ihr nicht weniger kraft apostolischer Machtvollkommenheit.

Wir bestimmen daher, dass es durchaus keinem Menschen gestattet sei, die genannte Kirche freventlich zu beunruhigen oder deren Besitz wegzunehmen, oder das Weggenommene zurückzuhalten, sie zu verringern oder durch was auch immer für Nachstellungen zu belästigen, sondern alles soll unversehrt zum Nutzen derjenigen erhalten werden, für deren Leistung und Unterhalt es gewährt worden ist. Unbeschadet in allem der Machtvollkommenheit des apostolischen Stuhles. Wenn daher in Zukunft eine geistliche oder weltliche Person gegen diese Unsere Bestimmung wissentlich freventlich vorzugehen versuchen sollte, obwohl sie zum zweiten und dritten Mal ermahnt worden, so soll sie entweder angemessene Genugthuung geben oder des Ansehens ihrer Macht und Ehre verlustig gehen und wissen, dass sie sich des begangenen Frevels vor dem göttlichen Gericht schuldig gemacht, und soll von dem geheiligten Leib und Blut Gottes und unseres Heilands Jesu Christi ausgeschlossen sein und am jüngsten Gericht der göttlichen Rache unterliegen. Mit allen aber, die dem genannten Ort seine Rechte wahren, sei der Friede unseres Herrn Jesu Christi, dass sie sowohl hier die Frucht der guten That geniessen, als auch vor dem gerechten Richter den Lohn ewigen Friedens finden. Amen. Gegeben im Lateran, durch Roland, Cardinalpresbyter und Kanzler, am 9. Tage vor den Kalenden des März.*) Indictionszahl VII, im Jahre der Menschwerdung des Herrn 1158 (wofür zu lesen 1159), im 5. Jahre aber des Pontificats des Herrn Hadrian IV.«

Die päpstliche Regierung in Rom kannte also sehr genau die von den Slaven drohenden Todesgefahren, welche gerade damals ganz Livland verwüsteten und besonders zerstörend über das Paradies der Esten hereinbrachen, wie in der Einleitung geschildert wurde. Der Weltkanzler Roland fügt die üblichen schärfsten Strafbestimmungen hinzu, welche die Frevler wider die europäische Zivilisation bis zum jüngsten Tag vor Gottes Weltgericht verfolgen.

---

*) Nach unserer Tagesrechnung am 21. Februar.

Zehn Jahre später hat Papst Alexander III. schon geographische Fühlung mit dem orientalischen Meer und mit dem Dunkelgebiet weit hinter der kleinen Peene gewonnen; die Nebel sind gewichen und in Rom ist klar die Wichtigkeit des livländischen Bollwerks wider den barbarischen Ansturm der Russen erkannt. Man ist mit den im Vordergrund der Ereignisse thätigen Personen vertraut und ernennt einen Esten sogar schon zum Gehilfen des Estenbischofs Vulko. Zunächst freilich traten an Lübecks junge Mission in Livland Unfälle heran, welche durch einige von russischen Vasallen aufgehetzte Abtrünnige unter den Neubekehrten entstanden. In umgekehrter Weise wiederholt sich das in unsern Tagen, nur ist das Neue das kirchliche Verderben, in dessen Fallen und Fussangeln das Volk jetzt durch Täuschung und durch Versprechen von warmem Land verlockt wird. Einige heidnische Ureinwohner, welche Mord im Sinne hatten, vermeinten, die christliche Taufe mit dem Wasser ihres Flussgottes abspülen zu können. Wenn den lutherischen Esten und Letten klar wird, dass sie die Opfer von russischen Intriganten sind, kehren sie mit aufrichtiger Reue an das sorgsame Mutterherz der lutherischen Kirche zurück, indem sie die Tröstungen und Gnadenspenden derselben, besonders das heilige Abendmahl, nach evangelischem Ritus »arripieren«, wollen sie das griechische Salböl fortwischen; aber die russische Rechtgläubigkeit duldet keinen Rücktritt oder Wechsel und umklammert alle, die ihrem Salböl verfallen sind, in unauflöslicher Umschlingung und noch dazu mit allen Nachkommen.

Der Estenbischof Vulko und der Livenbischof von Üxküll wurden Blutzeugen für Livland. Als diese Märtyrer ermordet zu Boden fielen, küssten sie die deutsche Muttererde; sterbend überschatteten sie das ganze Land und gewannen es als Eigentum. Nach echt römischem

Recht ergriffen sie durch diesen juristischen Akt Besitz
von Livland für das deutsche Volk, von dem diese
Glaubenshelden, mit der frohen Botschaft des Christentums
ausgerüstet, nach Livland entsendet waren.
In dieser grossen Not Livlands war Hilfe gebotene
Pflicht. Papst Alexander III. stellt Livland in gleiche
Rangordnung mit Palästina; wie die Pilger nach dem
heiligen Grabe Christi überschüttet er die Kreuzfahrer nach
Livland mit seiner vollen Gunst und Gnade. Denen, die
bis zum Tode getreu sind, verheisst er Vergebung aller
ihrer irdischen Sünden. Papst Alexander III. richtet an
die gläubigen Beförderer des livländischen Missionswerks
die folgenden verdeutschten Segensworte:

»Papst Alexander etc. den Königen und Fürsten und
anderen Christengläubigen in den Reichen der Dänen,
Norweger, Schweden und Goten etc. Nicht wenig
wird Unser Gemüt von arger Bitterkeit ergriffen und
von Schmerz gequält, da Wir hören, dass die Wildheit
der Esten und anderer Heiden jener Gegenden sich
gegen die Gott Getreuen und die Anhänger des christlichen Glaubens ärger erhebt und gewaltig wütet und
die Tugend christlichen Namens bekämpft. Dennoch
loben und segnen Wir den Herrn, dass Ihr in un-
erschütterlicher Festigkeit am katholischen Glauben
und an der Ehrerbietung gegen die heilige römische
Kirche, welche das Haupt aller Kirchen ist und als
Lehrmeisterin von dem Herrn eingesetzt unter allen
anderen Kirchen den Vorrang nach himmlischer Verleihung einnimmt, beharret und das Band der christlichen Religion und Eintracht bewahrt. Da es nun
Unseres Amtes ist, dass Wir, was Wir als zur Befestigung des Glaubens und zum Heil Eurer Seelen
gereichend erkennen, Euch mit sorgfältiger Ermahnung
zuführen und eifrig anraten, so ermahnen und fordern

Wir Euch auf im Herrn, dass Ihr Euch alle Mühe gebet, den Gottesdienst in Acht zu nehmen. Barmherzigkeit. Recht und Gericht zu hegen, von Raub und unbilligen Werken abzustehen, Gott gelobte und Euch auferlegte Dienste zu leisten, der obengenannten heiligen römischen Kirche als Eurer Mutter und Lehrmeisterin die schuldige Ehre und Verehrung zu erweisen, den Bischöfen, Priestern und Euren andern Geistlichen demütig zu gehorchen und ihnen die Zehnten, Erstlinge und Darbringungen (decimas, primitias et oblationes) und anderen Gerechtigkeiten zu geben und sie selbst als Väter und Hirten Eurer Seelen zu ehren, und Sorge traget, ihre Rechte zu verteidigen, zu sichern und zu bewahren, und, ausgerüstet mit den Waffen des Himmels und durch die apostolischen Ermahnungen bestärkt, Euch umgürtet mit dem Geist der Tapferkeit zur Verteidigung der Wahrheit des christlichen Glaubens, damit Ihr, mit mutigem Arm die Verbreitung der Ehrfurcht vor dem christlichen Namen erstrebend, den Sieg über die Feinde erlangen und die Krone der Gerechtigkeit, welche Euch vorbehalten ist, mit Gottes Hilfe erwerben könnet. Denn Wir gestehen denjenigen, welche gegen die oftgenannten Heiden nachdrücklich und mutig gestritten haben, auf ein Jahr Ablass der Sünden, welche sie bekannt haben und für welche ihnen eine Busse auferlegt worden ist, zu, vertrauend auf die Barmherzigkeit Gottes und auf die Verdienste der Apostel Petrus und Paulus, gleichwie Wir denen, die das Grab des Herrn besuchen, es zuzugestehen pflegen; denjenigen aber, welche in jenem Kampfe umkommen, gewähren Wir Ablass aller ihrer Sünden, für die ihnen Busse auferlegt worden ist.

Gegeben in Tusculanum am 11. September.«

Die Urkunde Alexanders III. hat wohl die Unterstützung des Estenbischofs Vulco zum Zweck gehabt. Über Vulco haben wir im livländischen Urkundenbuch folgende Urkunden:

1. Peter, Abt von Celle, schreibt an Könige, Fürsten etc. von Schweden, sowie dessen Erzbischof und Suffragane, dass er Vulco zum Bischof der Esten geweiht habe und ihn für sein Amt vorbereite. — Ohne Angabe von Jahr und Tag. (1170?) Livl. U.-B. I.

2. Peter, Abt von Celle, empfiehlt den Bischof Vulco dem Erzbischof Eskill von Lund. — Ohne Angabe von Jahr und Tag. (1170?) Liv. U.-B. I.

3. Papst Alexander III. ersucht den Erzbischof von Lund und den ehemaligen Bischof von Stavanger, A..., dem Bischof der Esten, Vulco, zum Werke der Bekehrung einen Gehilfen in dem Mönche Nicolaus zu geben, der ein religiöser und bescheidener Mann sei und seiner Herkunft nach ein Este. — (1171?) Sept. 9.
Livl. U.-B. I. IV.

4. Papst Alexander III. beauftragt den Bischof der Esten, Vulco, mit der Einweihung von Kirchen und der Ordination von Geistlichen. — Ohne Angabe von Jahr und Tag. (1171?). Livl. U.-B. III.

Diese und andere Bullen der Päpste, sowie unzählige Urkunden von Kaisern und Königen, von Städten und Fürsten sind die unumstösslichen Beweise, dass Livland vom deutschen Volke besiedelt und erworben ist, und dass unsere deutsche Nordostmark seit mehr als siebenhundert Jahren zu unserm Kaiserreich gehört.

Die freie und Hansestadt Lübeck trifft Vorbereitungen zur Jubelfeier der Erbauung und des Ruhmes ihrer Stadt, der sich auf Livland gründet. Aber die edle Tochter des deutschen Volks Livonia liegt geknebelt und geknechtet am Boden; Livland wird von barbarischen Klauen zerstampft und verendet schmählich in eisig sibirischen unerbittlichen Krallen. Livland hat alle Errungenschaften und Wandlungen des deutschen Mutterlandes, auch die einschläfernden Rückschritte des Siechtums und der Machtlosigkeit mutig mit durchlebt und mit empfunden. Nach den schweren Kämpfen der deutschen Volksseele für den Sieg des Luthertums haben Kriegsgreuel und Fremdherrschaft unsere Nordostmark wilder zerzaust und einschneidender in derselben gehaust als in Deutschland. Aber die Livländer haben sich immer wieder tapfer emporgerafft und selbst Güterreduktion und Statthalterschaft überwunden und abgeschüttelt. Sie haben das volle Deutschtum als ihr heiliges Mutterrecht und als ihr wertvollstes Kleinod und Erbstück stets aufrecht erhalten; sie wussten und erkennen zu gut, dass sie nur als Deutsche ihre wichtigen Kulturaufgaben für das russische Reich, dem zu dienen sie gezwungen sind, treu und gewissenhaft erfüllen können. Jetzt werden sie abgelohnt, indem ihnen Religion und Recht, Sprache und Sitte schnöde geraubt werden. Wehe den Besiegten!

Lübeck hat durch sieben Jahrhunderte seine geschäftlichen und persönlichen Beziehungen zu Livland liebevoll gepflegt und seine Söhne häufig zu Geschäftsfreunden und in Familien dorthin übersiedelt. Als aber Columbus das Weltmeer aufschloss, war das stolze Kulturwerk Lübecks und der Hansa vollendet; das langgestreckte Ländergebiet rings um das Ostseebecken sonnte sich in einem wunderbaren staatlich geordneten Wohlstand friedlichen Bürgerglücks. Für Petersburg blieb nur ein ungesunder Platz im finnischen Sumpf offen, um die von der Hansa lange gefürchtete freie russische Seefahrt auf die deutsche Nation zu ermöglichen und um eine neue Zarenburg aufzunehmen. Die Zaren haben den Hauptsitz ihrer Regierung oft gewechselt und immer der sich darbietenden Gelegenheit angepasst. Aus Petersburgs durchseuchtem Choleranest werden sie Eremitage und Winterpalais bald nach den wonnigen Schlössern am goldenen Horn verlegen; Zar Nikolaus hat das schon in Wort und Bild eines grossen Prachtkupferwerks vorgezeichnet.

Als die Hansa nicht mehr tagte, übernahmen Hamburg und Bremen die Leitung des deutschen Welthandels und liessen Lübeck in den Hintergrund und Schatten kühler Denkungsart zurücktreten, um die wirkliche Welt und das Weltmeer zu vergessen und um von stolzen hansischen Erinnerungen zu träumen. Lubeca wurde keine mater dolorosa, keine Mutter Schmerzenreich und lässt Livland sein russisches Trauerspiel einsam und allein zu Ende dichten, weil unsere deutsche Nordostmark von Kaiser und Reich, von Lübeck und vom deutschen Volk vergessen und preisgegeben ist.

Nichtig ist der Einwand der Russomanen, dass der Zustand Livlands gebessert und geheilt werden soll durch die in Justiz und Verwaltung neugebackenen Reformstücke für russisches Volksglück; sie gleichen dem elenden Machwerk, durch welches ein schnellfingeriger russischer Plotnik gute deutsche Arbeit ersetzen will. So sind die Staatsfehlbauten der Tschinownik-Häuser aus Sand erbaut, in denen kein Deutscher wohnen kann. Die guten europäischen Einrichtungen, welche für gebildete Angehörige von Verfassungstaaten berechnet und durchdacht sind, werden auf den Faulbaum der Willkürherrschaft gepfropft oder in die asiatische Fäulnis des Betrugs und der Bestechlichkeit hineingesät. Da sie bei den Russen keine Volksbildung als fruchtbaren Mutterboden vorfinden, verderben und verkümmern, ohne Einfluss auf Staat und Kirche zu erlangen, diese Spottgeburten aus Dreck und Feuer in dem Sündenpfuhl der Tschinownik, welche den bösen Irrwahn, dass dem russischen Volk das Leben nur für den Zaren und seine Familie von Gottes Gnaden geschenkt worden ist, dahin ausbeuten, dass sie ihre unersättlichen Taschen mit dem Hab und Gut der staatlich mundtoten Unterthanen füllen, um diesen Reichtum in wüstem liederlichen Treiben zu verspielen und zu verprassen. Dieser Wirrwarr zeigt sich im grossen und im kleinen; am letzten deutschen Weihnachtabend, an welchem die Dorpater deutsche Universität ihr neunzigstes Jahresfest feierte, wurde ihr der Lehrstuhl für livländisches Provinzialrecht genommen, obwohl dasselbe für die Landeskörperschaften und für das Privatrecht noch gültig ist. Nach diesem deutschen Recht, das nicht mehr gelehrt wird, sollen aber die neuen russischen Bezirksgerichte ihre Entscheidungen in russischer Sprache formulieren; sie wandern mit ihrem Thespiskarren im Lande umher, um lutherische Pfarrer in die Gefängnisse zu werfen und ihrer Heimat zu berauben, weil sie ihre Pflichten als Seelsorger treu erfüllen. In Berlin gründeten die Russen eine Professorenschule für römisches Recht, dessen feine Definitionen und Erörterungen in die rohe russische Sprache nicht übertragen werden können. Dennoch werden deutsche Zöglinge der Dorpater Universität nach Berlin abkommandiert, um römische Rechtsprofessoren zu werden; sie sollen dann in Charkow, Kasan oder Kiew das Unmögliche leisten und römisches Recht russisch vortragen. »Der Bien muss!«

Während so immer neue Notschreie aus Livland zum deutschen Volk herüberdringen, erfreut sich Lübeck stillvergnügt einer beschaulichen aristokratischen Altersruhe und gönnt Hamburg und Bremen das Glück, im Strudel und Trubel des internationalen Welthandels sich zu vergrössern und sich zu bereichern. Lübeck steifte sich allzulange, wie Shylock, auf uralte Zunftvorrechte und Handelsprivilegien, welche dem Geist der Zeit nicht folgten und nur noch gute Vorlagen für Urkundenbücher waren. Im vorigen Jahrhundert zankten sich die Dorpater Gilden um den Vorkauf und um das Gastrecht im Handel und Wandel; die Lübecker Kaufleute und Schiffer, Krämer und Handwerker haderten und stritten vor dem Wetzlarer Reichsgericht um Zunftgrenzen, um Bönhasen und um den Handel »auf See und Sand«, wie die langatmigen Prozessschriften den damaligen Krebsgang 'im Handelsverkehr bezeichnen. Die lübischen Patrizier präsidierten eben nicht mehr hansischen Städtetagen und entschieden nicht mehr über Krieg und Frieden in Nord und Ost. Lübecks Bürgersöhne müssen sich in der Fremde auf andern Feldern der Ehre Geltung verschaffen; das beweisen die Gräber berühmter Lübecker, die im Exil starben. In Londons Westminsterabtei ruhen der Bildnismaler Kneller und der Telegraphenerbauer Siemens; Rom hütet ausser dem Grabdenkmal des Heiligenmalers Overbeck aus der hansischen Vorzeit das Grab des in Lübeck geborenen Rigaer Erzbischofs Vifhusen. Als der letzte dieses lübischen Patriziergeschlechts verkaufte Vifhusen sein grosses Erbgrundstück, dessen Strasse in Lübeck noch heute Fünfhausen genannt wird, an die Handelsgesellschaft der Bergenfahrer, welche hoch oben im Norden die stattliche Faktorei in Bergen gründeten und erst in unserm Jahrhundert verkauften; jetzt ist dort ein Museum für hansische Altertümer. Lübecks Novgorodfahrer erbauten in Dorpat die lübische Kapelle; alle diese hansischen Grosskaufleute handelten mit Einsicht und Verstand, sie verschifften oft nur Holz und Korn, Häute und Heringe, aber auf ihrem Frachtgut lagerte als sicheres Geleit der Segen Gottes und deutsches Kulturleben begleitete ihre Warenzüge.

Die weltgeschichtliche Bedeutung Lübecks und der Hansa gründet sich hierauf; das mag zum Schluss ausgesprochen sein in einigen Versen auf

Altlübeck.

Siebenhundertfunfzig Jahre
Lebtest du im Prachttalare;
Hast gestritten und gekriegt
Und auf See und Sand gesiegt.

Hast nach Ost und Nord getrachtet
Und die Schiffe reich befrachtet
Mit des Westens Kaufmannsgut,
Hast es oft geschützt mit Blut.

Städte hast du aufgerichtet
Und den Urwald stark gelichtet,
Hast die Felder angebaut
Und gegerbt der Tiere Haut.

Nicht allein der Erdengüter
Warst du stets ein treuer Hüter;
Auch des Geistes Kraft und Macht
Hast den Nachbarn du gebracht.

Deutschen Fleiss und deutsche Sitte
Sätest du in ihrer Mitte,
Ordnung, Liebe und Gemüt
Sind aus deiner Saat erblüht.

Christi Jünger schon auf Erden
Lehrtest du die Heiden werden;
Stelltest unter lübsches Recht
Überall den Herrn und Knecht.

Freudig hast du schon hienieden
Viel gewirkt für Völkerfrieden
Und mit Tapferkeit und Mut
Blühtest du in Gottes Hut!

Anhang.

Die Weichsel, Teutschlands Strom.

Sehnsucht ist eine gute Eigenschaft der Deutschen, denen besonders das Heimatgefühl eine Herzenssache ist. Nur Beethoven konnte einen Sehnsuchtwalzer komponieren. »Weichselsehnsucht« ist deshalb nur auf Grund internationaler Höflichkeit auf das Titelblatt gesetzt; Weichselgelüste — Weichselgier — Weichselmanie — Weichselzopf — würde diese Krankheit richtiger bezeichnet haben. Edle europäisch gebildete Russen haben **reisend die Weichsel zu sehn die Sucht**; sie wollen bei Dirschau auf der langen Brücke, durch welche Preussen die Dampfeilstrasse von Petersburg nach Paris vollendet hat, über diesen gewaltigen Eisstrom hinwegfahren, um in Berlin ihren Geist durch alle Güter und Leistungen der europäischen Bildung zu erfrischen und deren Vorteile sich anzueignen. In Russland ist ihnen das jetzt unmöglich. Eine verschärfte Zensur weist alle dahin gehörigen Bücher und hauptsächlich alle Zeitungen zurück; alle mit der Post eingehenden Drucksachen werden einfach unterschlagen und im Widerspruch mit den international garantierten Satzungen des Weltpostvereins an die Absender und Eigentümer nicht zurückgesandt; in den wenigen Schriften, welche Grenze und Zensur passieren, werden bedeutsame Erörterungen durch Pech und Kienruss unlesbar geschwärzt.

Zar Paul wollte am Ende des vorigen Jahrhunderts dasselbe billiger durch einen Ukas erreichen; ein gedruckter Befehl seines Grössenwahns sperrte die russische Grenze allen Reformgedanken des damaligen Umschwungs im Völkerleben der ganzen Welt. Besonders hasste und fürchtete der Zar gleich Napoleon I. die deutschen Ideen, welche die ihm leibeigenen Unterthanen aus ihrem gedankenlosen Stumpfsinn nicht aufrütteln sollten. Die Tobsucht ging so weit, dass Zar Paul einen livländischen lutherischen Pfarrer, welcher von Freunden die ausgeliehene Schrift Kants »Vom ewigen Frieden« öffentlich zurückforderte, auf dem Hochgericht in Petersburg durch den Henker mit der Knute durchpeitschen liess und nach Sibirien verschickte. Bevor der geknutete deutsche Prediger Moskau erreichte, wurde Zar Paul von Verschwörern zum Glück und Heil Russlands ermordet.

Diese russischen Verächter der modernen Bildung und Gesittung haben sich inzwischen wie Bazillen vermehrt; diese Russomanen beherrschen und bestimmen augenblicklich die Geschicke Russlands und bedrohen die Ruhe und den Frieden Europas. Der erste Akt ihres barbarischen Feldzugs spielt und wütet in der deutschen Nordostmark und kommen wird der Tag, an welchem Livland hinsinkt. Im Hintergrund prangt freilich die entschiedene Rechtserklärung Peters des Grossen, dass Livland zum deutschen Kaiserreich gehört, welches den Zaren mit unserer Nordostmark belehnen sollte. Den schroffen Gegensatz bildet der übermütige Ausruf des Zaren Nikolaus im Gespräch mit dem englischen Botschafter vor dem Krimkriege, dass er Preussen schon in der Tasche habe. Es wird nützlich sein darüber nachzudenken, wie sich diese Frivolität im Hirn der Russomanen ausgestaltet hat.

Die russische Kriegsfrage ist kürzlich im deutschen Reichstag lebhaft erörtert und es ist reichsamtlich ausgesprochen worden, dass wir im Kriegsfall nach zwei Seiten Front machen müssen und nicht wie 1870 an Russland einen Rückhalt haben. In den überraschenden Junitagen des Jahres 1870 schwankte die Wagschale der russischen Staatsschlauheit scharf für oder gegen Deutschland. Die altrussische Kriegspartei am Zarenhof verlangte stürmisch sofortiges Einrücken in Schlesien mit Siegeszug nach Berlin; das verabscheute der Enkel unserer Königin Luise, der hochherzige melancholische Kaiser Alexander II. Er hatte schon den Generalgouverneur von Livland, seinen Schwager Albedinski, telegraphisch herbeigerufen, um einen lauwarmen Aufschub der Entscheidung in Berlin anzumelden; da errang im letzten Augenblick durch persönliches Einschreiten der edle und wackere Fürst Suworow den Sieg für Deutschland und die Vollmacht, in Berlin vollständige Neutralität anzubieten. Der brave Fürst reiste so schnell ab, dass er auf dem Bahnhof in Pleskow dem aus Riga heraneilenden guten Albedinski begegnete und ihm derb ironisch andeuten konnte, dass seine Reise nach Petersburg ebenso erfolglos sei, wie seine verlorene Liebesmühe, die Livländer zu russifizieren.

Dass Napoleon der Kleine bei Sedan zusammenbrach, erfuhr Kaiser Alexander in Moskau bei einer Truppenmusterung durch ein Telegramm, welches er seiner Umgebung vorlas mit dem Zusatz: »Das ist Revanche für Sebastopol!« Fürst Suworow entgegnete rasch: »Revanche erhält man nicht, sondern nimmt sie sich selbst!« Aber Russland hatte doch dazu mitgewirkt, denn im Juni erhielt wenige Stunden nach Suworows Ankunft in Berlin das preussische Armeekorps in Schlesien Befehl nach Frankreich zu marschieren. Die ganze deutsche Heeresmacht konnte sich dort konzentrieren und glänzende, freilich sehr bluttriefende Siege gewinnen. Diesen günstigen Verlauf durch die einige deutsche Volksmacht beuteten die schlauen

Russen sofort durch eine erste Gutschrift aus, indem sie die international garantierte Klausur des schwarzen Meeres kurzer Hand beseitigten, wogegen das besiegte Frankreich keinen Widerspruch erheben konnte. Eine zweite und dritte Gegenforderung für den norddeutschen Bund und für das Kaiserreich bildet den Schluss dieses Nachtrags.

Bei einem Rückblick auf die russischen Versuche, in Preussen festen Fuss zu fassen, sehen wir, dass Ostpreussen 1813 schon vollständig als neues russisches Generalgouvernement hergerichtet wird, womit der neuere Anlauf zum Austausch von Memel gegen Kalisch stimmt. Noch früher, im siebenjährigen Kriege, hatten die Russen das frühere Gebiet des Marienburger Deutschordens ganz annektiert und sich häuslich in demselben niedergelassen, wie ihr Statthalter Graf Sivers in seinen Denkwürdigkeiten, welche Professor K. L. Blum herausgegeben hat, ausführlich erzählt; die Kosaken streiften nach Berlin hinein, um dasselbe zu plündern. Unser Heldenkönig Friedrich hatte dasselbe Schicksal, das heute unser deutsches Kaiserreich quält; er sass in der Klemme zwischen seinen drei Hauptfeinden und überlegte die Schwierigkeit, wenn sie alle drei gemeinsam über ihn herfielen; er musste einen nach dem andern abthun. Da plötzlich bliesen die Trompeten der Russen zum Abmarsch; die Friedrichs Blut sehr nahe stehende Kaiserin Katharina hatte den Zarenthron arripiert und unterstützte durch Neutralität den preussischen Heldenkönig, wie ihr Nachkomme Alexander 1870 den ersten deutschen Heldenkaiser.

Unser alter Fritz musste dann dulden, dass die russische Riesin sich Polen als Höcker und Auswuchs anlegte und wie einen Keil zwischen Wien und Berlin hineintrieb, um eine Handhabe zu immerwährender Beunruhigung der beiden Nachbarstaaten zu schaffen; heute würden die Wünsche Europas sich dahin richten, dass Polen gleich

Belgien und gleich der Schweiz völkerrechtlich für neutral und unantastbar erklärt wird, um eine Oase des Friedens zwischen den drei Grossmächten zu werden und eine Heeresverminderung derselben zu erleichtern; zugleich würde ein Schandfleck in den Jahrbüchern des vorigen Jahrhunderts getilgt. Auf dieser sogenannten polnischen Erbschaft beruht der Anspruch der Russomanen, dass Russland sich bis zur Weichsel ausdehnen muss, um von Danzig bis Memel die Ostseeküste für das polnische Hinterland zu gewinnen.

Der grosse Welttraum der Russomanen von Russlands weltgeschichtlicher Bedeutung, welcher seit 1873 sogar in deutscher Sprache gedruckt vorliegt, hat sich auf dieser Grundlage aufgebaut und aufgebauscht. Am Ende des neunzehnten Jahrhunderts wird die Bevölkerung Russlands auf 200 Millionen angewachsen sein, das despotische Zarentum soll dann über die kleinere Volkszahl Europas herfallen und ihr die griechisch-orthodoxe Kirche und die russische Sprache aufzwingen; die Europäer sollen echte, in der Wolle gefärbte rechtgläubige Unterthanen des heiligen Russland werden.

Das Zarenreich ist ein schwerfälliger Riesenkoloss auf thönernen Füssen, der vom Nordpol bis nach Indien reicht und jetzt einen Abstecher nach Byzanz machen will, wohin die Stammmutter der Zaren aus der griechischen Kaiserfamilie verlockt. Russland muss sein Heer immer zur Verfügung haben, um dies grosse Ländergebiet zu vergewaltigen und seine unermesslichen Grenzen zu besetzen. Russland hat wohl Staatsschulden, aber keine Milliarden Bargeld zum Kriegführen in irgend einem Schlüsselburger Stephansturm; seine allgemeine Wehrpflicht ist nur eine Farce, aber sein Heer, an dessen Herzen der Rückzug von der Brücke vor Sebastopol wie eine Eiterwunde nagt und frisst, ist nicht zu verachten und nicht zu unterschätzen; denn durch die Barbarenkriege im Kaukasus, in der Türkei und im Orient ist der russische Landesknecht in Uniform zur Lebensgewöhnung an Entbehrungen und Strapazen geneigt und verachtet die völkerrechtlichen Satzungen der modernen Kriegskunst. Am besten ist er zu benutzen als Popanz und Niklas, um den ungeberdigen Michel und Struwelpeter an die Wahlurne zu treiben, wenn irgend ein Septennat oder ein neuer Schutzzoll durchgedrückt werden soll; dann werden in die Presse Schiffernachrichten eingeschmuggelt, dass die ganze russische Armee bei einer Kälte von 20 bis 44 Hundertgraden im Parademarsch die deutsche Grenze überfällt und überschreitet. Ein solches Börsengerücht erregt ungeheure Heiterkeit bei allen, welche die Wintererstarrung Russlands und die Entwicklung seiner Verkehrswege seit funfzig Jahren kennen; der Sturz Napoleons im Jahre 1812 hat die Strategen gründlich über das Unglück eines Winterfeldzugs in Russland aufgeklärt.

Auch die angebliche Einheit im Glauben und in den Volkssitten unterstützt die neue Völkerwanderung und Welteroberung der Russomanen nicht. Wer kennt die Namen und wer zählt die Völkerschaften, welche nach und nach in den Eisenring der Despotie zusammengeschweisst wurden, und die vielleicht von Byzanz aus noch eine kurze Zeit durch Dampf und Elektrizität zusammengehalten werden? Jedes russische Gouvernement hat nach seinem Klima und nach der Abstammung seiner Bewohner eine andere Art zu leben, zu denken oder nicht zu denken. Die ganze russische Bevölkerung hat nur den einen gemeinsamen Zug, die Tschinownikerei, welche nur dem Gelde dient und nur für ein Trinkgeld ihre amtliche Pflicht erfüllt, zu bekämpfen oder zu verachten. Diese Blutsauger nennen alle, welche eine bessere Staatszukunft anbahnen wollen, Nihilisten. Sie finden sich in allen

Ständen; Offiziere, Studenten, Frauen werden hauptsächlich genannt, wenn es der Geheimpolizei einmal glückt, ihre Gegner dingfest zu machen und nach Sibirien zu verschicken. Sibirien nimmt alle Freiheitsmänner auf und sammelt dadurch einen Reichtum von Bildung und Gedanken, welche schliesslich Russland überfluten und reformieren werden. Ein Eroberungsheer ist gehemmt und verloren, wenn es im Rücken eine Volksgährung hat, welche vom kaiserlichen Winterpalast bis hinunter in die Schnapskneipe sich ausdehnt.

Auch die russische Glaubenseinheit ist nur Chimäre. Viele Geheimsekten unterwühlen den Boden der rechtgläubigen Staatskirche und entziehen sich der Herrschsucht der Popen. Die Altgläubigen werden weder durch Erpressung, noch durch Gefängnis und Sibirien ihren alten Glaubenserinnerungen untreu. Die Skopzen in Moskau, welche nach der Offenbarung Johannis die Wiederkunft des Herrn auf Erden vorbereiten, haben ein Vermögen von Milliarden; ihr Oberpriester soll mit einer Jungfrau, welcher eine Brust abgeschnitten ist, den Zukunftheiland der Welt erzeugen und verhindert seine Verschickung nach Sibirien durch immer neue Goldspenden; aus Klöstern im Innern Russlands kamen flehende Hilferufe an Lutheraner und erbaten Belehrung über die lutherischen Glaubenssätze.

Europa kann also ruhig die Welteroberung und neue Völkerwanderung der 200 Millionen Russen erwarten; die Vorboten sind aber aufgetaucht, dass ein tollkühner Versuch, um etwas von Preussen in die russische Tasche zu bekommen, nicht ausgeschlossen ist. Es wurmt die Russomanen, dass Preussen sich ganz ihrer Botmässigkeit und Oberherrlichkeit unter dem Zaren Nikolaus entzogen hat und durch die deutsche Kaiserwürde seinen Weltberuf zuverlässiger und würdiger erfüllen kann.

Bei Memel entstanden schon einmal leichte Irrungen wegen der Flussschiffahrt, welche Chikanen durch die Vorsicht der preussischen Grenzbeamten beseitigt wurden. Denselben Punkt hatten die Russomanen zur ersten Etappe ihres Feldzugs, um in Preussen festen Fuss zu fassen, ausersehen. Preussen sollte Memel hergeben, um seine Vergrösserung nach 1866 auszugleichen; eine bisher nicht gedruckte Denkschrift »Über die politische Bedeutung der Ströme« versuchte dies zu begründen. Und da der Appetit beim Verspeisen sich vermehrt, erweiterte sich nach 1870 das Gelüst auf alles Land bis zur Weichsel, welche ein berühmter russischer Stratege als militärisch notwendig für die Verteidigung Russlands befürwortete. »Die Politik der Ströme« war der Titel dieser ausführlicheren Denkschrift. Ihr Verfasser hat inzwischen vor Gottes Thron Rechenschaft über diese Angriffe auf die Ehre und Selbständigkeit des deutschen Volks abgelegt, aber seine Gedanken und Worte wirken fort und mengen sich noch heute in das Tagesgespräch der Russomanen. Bei den wunderlichen Personalzuständen am Zarenhof ist es immerhin möglich, dass man versucht die Worte in Thaten umzusetzen. Ein türkischer Pascha hat schon 1859 prophezeit, dass die orientalische Frage einmal an der polnischen Grenze sich erledigen wird. Eine Verquickung des Schicksals der Türkei mit den Ereignissen in Livland ist schon seit Peter dem Grossen sichtbar. Der russische grosse Generalstab wurde 1872 zu seiner ersten Studienreise, in Nachahmung Moltkes, nach Livland abkommandiert mit dem kaiserlichen Befehl, einen Plan festzustellen, wie Livland vor dem deutschen Reichsfeinde zu schützen sei. Seitdem hat Livland strategische Eisenbahnen und starrt von Truppen.

Jene Denkschrift über die politische Bedeutung der Ströme hat sich abschriftlich erhalten in »Berliner Tagebuchblättern in und nach dem Freiheitsjahre 1848«, welche sich vielfach mit Livland und Russland beschäftigen. Wir lassen drei Kapitel derselben, deren letztes die obige Denkschrift enthält, hier folgen, damit wir nicht in den Verdacht geraten, als wären obige Erörterungen durch das Kriegsgeschrei im letzten Dezember hervorgerufen; sie sind die Frucht vieljähriger Beobachtung und Überzeugungen, und werden bestätigt durch die nachfolgenden Blätter.

Fürst Bismarck hat einmal dem deutschen Volk das Ehrenzeugnis ausgestellt, dass es niemand fürchtet ausser Gott.

Denn eine feste Burg ist unser Gott
Und eine gute Wehr und Waffen;
Er lässt uns werden nicht zum Spott
Und macht den Feinden viel zu schaffen!

Blatt 5.
Aus einem Berliner Tagebuch in und nach dem Jahre 1848.

Die deutsche Sloboda bei Moskau. — Zar Iwan der Tyrann. — Die Zerstörung des hansischen Kaufhofs in Novgorod. — Der Text der slavonischen Kirchenbücher. — Russische Bekehrungen. — Ermordung des ersten deutschen Buchdruckers in Moskau. — Die Weltzeitrechnung. — Kampf und Sieg des Luthertums im deutschen Livland.

Von der deutschen Sloboda bei Moskau und von Zar Iwan dem Schrecklichen hat ein Freund aus Livland meiner wissbegierigen Schülerin vorerzählt; ich soll den Kommentar zu den dunkeln Andeutungen liefern. In der schlesischen Heimat hat die hübsche kleine Hexe mit der Muttermilch die Schwärmerei für die benachbarten Polen eingesogen. Naturgemäss hasst und verwünscht sie die russischen Unterdrücker und sieht die russische Barbarei scheel an; wenn Verwünschungen und böser Blick noch zum Feuertode berechtigten, so würde meine mit mir gleichgesinnte Freundin, von der preussischen Intimität ausgeliefert, sicherlich in Russland als Hexe verbrannt. Denn auch russische Bischöfe liebten Bekehrung und Erleuchtung des Volks durch brennende Scheiterhaufen und die Regierung willfahrte ihnen einst darin. Auf Ketzerei stand der Feuertod, wenn Reue und Bekehrung ausblieben. Im Jahre des Heils 1738 leuchtete der letzte russische Scheiterhaufen in Kronstadt, obgleich der Ketzer bereute; aber der dirigierende Senat in Petersburg war nach dem rühmlichen Vorbilde spanischer Inquisitoren so frech, über das Gewissen eines andern Menschen zu richten durch die Erklärung, die Reue sei nicht aufrichtig und nur durch die Furcht vor dem Feuertode entstanden; auch der bereuende Ketzer wurde vor 110 Jahren in Kronstadt verbrannt.

Russische Bekehrungen sind jetzt wieder Mode und stehen im deutschen Livland auf der Tagesordnung. Die Seelen werden verbrannt und verlockt durch Verheissung goldner Berge im »warmen Lande«, das auf Erden nicht existiert; den widerspenstigen lutherischen Ketzern aber, welche nicht griechisch beten und nicht russisch sprechen und denken wollen, wird der irdische Wohlstand vernichtet und mit Verbannung nach Sibirien gedroht.

Sloboda bedeutet aber Kolonie und »der Schreckliche« ist eigentlich nur ein Euphemismus oder eine vertuschende Wohlrednerei für Tyrann. Da aber nach dem Swod, dem russischen Staatsgesetzbuch, Tyrannei verboten ist, darf die heutige zensierte Welt einen Zaren nicht als Tyrann bezeichnen; sie nennt ihn nur schüchtern den Schrecklichen.

Der Schrecken der Deutschen war aber dieser vierte Iwan nicht, der sich nach einer bluttriefenden Regentschaft, wie auch Peter der Grosse sie erlebte, zum ersten Mal mit der griechischen Kaiserkrone Konstantins zum Selbstherrscher aller Reussen gekrönt und als solcher Zar Iwan I. genannt wurde.

Sein Grossvater Iwan III. war der erste Verfolger der Deutschen. Er gründete Neurussland durch die Einverleibung des Grossfürstentums Novgorod in sein moskowitisches Grossfürstentum. Iwan legte in den Grund seiner Pflanzung zwei Samenkörner für ihre einstige Zunahme und Vergrösserung; es waren Deutschenhass und die Sehnsucht nach dem warmen Lande in Byzanz. Letztere entstand durch seine Vermählung mit der byzantinischen Kaisernichte Sophia; sie bewirkte die Einimpfung der griechischen Kirche als Staatsreligion auf das junge russische Reich. Dadurch ist es ein Fatum und eine Vorbedeutung, und es wird im nächsten Jahrhundert ein weltgeschichtliches Faktum sein, dass die Zaren zu Konstantinopel in der Sophienkirche gekrönt werden.

Den Deutschenhass inaugurierte er bei der Eroberung von Novgorod, indem er den reichen Kaufhof der Hansa des deutschen Kaufmanns in dieser Stadt verbrannte und alle deutschen Kaufleute ermordete; es war im Jahre des Heils 1467.

Aber Iwan erkannte sehr bald den Nutzen der Mitwirkung und Ausbeutung der Deutschen für sein Barbarenreich; im Vorjahrhundert Luthers war ihm auch der Wunsch nach Kirchenverbesserung nicht fremd. Iwan liess Sendboten durch Deutschland reisen, um die Zivilisation kennen zu lernen und besonders um die lateinischen Zeremonien zu studieren und zu prüfen. Sie kamen auch nach Lübeck und überredeten den dortigen Buchdrucker Bartholomäus Gothan mit ihnen nach Moskau zu ziehen, weil er nicht allein Meister in der neuen Schwarzkunst war, sondern auch durch seine Druckwerke und durch seinen geschäftlichen Verkehr mit Priestern den katholischen Messdienst gründlich kannte. Als aber Gothan im Kremel eintraf, ersäuften die Moskowiter diesen deutschen Schwarzkünstler, wie sie es bei wilden gefährlichen Katzen oder bei tollen bissigen Hunden zu thun gewohnt waren; sie wollten aus ihrer Barbarei nicht aufgestört sein.

Zweihundert Jahre später wagte sich unter dem frommen Zaren Alexei wieder ein schüchterner Versuch hervor, den unverständlichen Text der slavonischen Kirchenbücher nach den griechischen Originalen zu verbessern. Auch jetzt sollen Mönche in Weissrussland zu einer Fühlung mit dem Luthertum schwache Neigung zeigen.

Luther begann den gewaltigen Kampf mit der römischen Kirche; im deutschen Livland fand er seine ersten und seine treuesten Anhänger bis auf den heutigen Tag. Die Livländer sind deshalb als unverfälschte Lutheraner von der Vorsehung auserkoren und bevorzugt, um den harten Strauss und Streit mit der Rechtgläubigkeit der griechischen Kirche zu bestehen; wer den Sieg behält, das steht in Gottes Hand.

Im Anfang schuf Gott Himmel und Erde, und die Erde war wüste und leer; in sechs Schöpfungstagen wurde sie zu einem von Menschen bewohnten Paradiese; am siebenten war Sonntagsruhe und Christus kam in unsere Welt.

Die Theologen haben sich jetzt mit den Naturforschern dahin geeinigt, dass ein Schöpfungstag der Bibel für ein Jahrtausend gilt. So zählen auch die Tage des Luthertums nach Jahrhunderten. Dasselbe gleicht einem Senfkorn und wirkt in unserm Jahrtausend als Hefe und Sauerteig, um ein neues Brot für einen neuen Glauben und für eine christliche Weltkirche geniessbar zu machen. Wir leben jetzt am Jahrhundertdonnerstag des Luthertums und blicken sehnsüchtig in die Ferne auf seinen Sonntag hinaus, an welchem die Welt in Völkerfrieden ausruhen wird von ihren Glaubenskämpfen.

Die Gewissen der Lutheraner im deutschen Livland werden jetzt hart bedrängt von russischem Glaubenszwang.

Aber eine feste Burg ist unser Gott,
Eine gute Wehr und Waffen;
Er lässt sie werden nicht zum Spott
Und macht den Russen viel zu schaffen.
Dieser alte böse Feind.
Mit Ernst er's jetzt meint;
Sibirien. gross' Macht und viel List
Sein grausam Rüstung ist.
Auf Erden ist nicht seinsgleichen!

Und wenn die Welt voll Teufel wär'
Und wollt' sie ganz verschlingen,
So fürchten sie es nicht so sehr,
Es wird ihnen doch gelingen.
Der Fürst dieser Welt,
So sauer er sich stellt.
Thut ihnen doch nichts,
Das macht, er ist gerichtet.

Gott ist in Livland auf dem Plan
Mit seinem Geist und Gaben;
Nehmen sie den Leib,
Gut, Ehr', Kind und Weib,
Lasst fahren dahin,
Die Russen haben davon keinen Gewinn;
Das Reich muss Livland doch bleiben!

Blatt 29.

Die fünf Grossmächte. — Weichsel und Rhein. — Das Waffengeklirr in Europa. — Die fünf europäischen Kleinmächte. — Das deutsche Bundesheer. — Der Krieg des Bundestages. — Preussens schwere Rüstung für Deutschland. — Die allgemeine Wehrpflicht. — Das Unheil des Kasernenlebens. — Das neue Privilegium der Einjährigkeit. — Die Korporalgrobheit. — Die politische Zukunft.

Von Pentarchie und Politik der Ströme hat meine staatskünstlerische Studentin reden hören und will wissen, was jenes erschreckliche Fremdwort wie sie sagt bedeutet; sie mengt es mit Pentagramm und Drudenfuss zusammen und meint, dass es aus der Hexenküche stammt. Aber nur die Hexenmeister der Sprachmanscherei haben es verbrochen; sie erklären, dass die Sprache dazu da ist, um die Gedanken zu verbergen.

Fünfherrschaft über Europa wäre allerdings verständlicher gewesen, aber das Volk soll eben nicht wissen, wer eigentlich in Europa herrscht und mag immerhin glauben, dass es die Druden sind, welche vor jedes Hauptland das fünfwinkelige Zauberzeichen malen, damit es den Kriegsfuss des Nachbars vom Lande fernhalte.

Den Weltfrieden in Europa soll die Pentarchie schützen und erhalten und hat es, Kleinigkeiten abgerechnet, 33 Jahre hindurch gethan. Der heilige Bund, der bis an das Ende aller Tage dauern sollte, war doch eigentlich nur gegen Napoleon gerichtet und zerfiel, als dieser in englische Hände geriet. Sie hielten ihn auf der Felseninsel. Helena fester als auf Elba, wohin der heilige Bund ihn verbannte. England musste zeigen, dass es auch noch über Europa herrschte, wenn es auch bei Waterloo fast zu spät kam. Napoleons Hauptfehler war, dass er, obwohl er aus dem Volke stammte, dennoch das Volk nur als Schlachtopfer für seinen Kriegsruhm betrachtete und preisgab. Nach seinem Sturz sassen wieder nur legitime Herrscher auf den Thronen und die Volkssache ist ganz verloren. Das erhält den Napoleonkultus bei vielen Männern und macht die Übertragung seiner Gebeine nach Frankreich um so gefährlicher.

Die fünf grossen Pentarchen sollen in Europa herrschen und man fabelt viel von dem Gleichgewicht ihrer Macht und Kraft, das angeblich den Frieden erhält. Von den Völkern ist nicht die Rede und die fünf kleinen Staaten kommen nicht in Betracht.

Die Türkei horcht nur angstvoll auf Russlands Schlummerlied:

»Ach wenn du wärst mein eigen,
Wie lieb sollst du mir sein!«

Italien ist gleich dem deutschen Volk durch seinen Fürstenüberfluss eine Null; in der Lombardei sitzt, ungern gesehen, Österreich, das lieber den italienischen Stiefel ganz anzöge, um so gestiefelt und gespornt auch das katholische Süddeutschland einheimsen zu können. Dann würde es wieder die Hauptrolle eines römischen Kaiserreichs spielen können. Spanien ist durch Bürgerkrieg ohnmächtig und verlor durch Priesterregiment Volksbildung und Volksreichtum.

Holland neigt zu Frankreich und ist nach dem Verlust Belgiens gleich diesem darauf hingewiesen, sein Glück auf friedlichen Handelsbahnen zu suchen.

Skandinavien ist, weil meerumflossen, trotz seiner eisigen Nordpolgrenze das Paradies Europas, denn es ist militärfrei, obgleich nur auf seinem Thron sich ein Zögling der napoleonischen Kriegsschule erhalten hat. Die wenigen notwendigen Soldaten ernähren sich auf Militärkolonien durch Ackerbau; die Regierung sorgt hervorragend für das Volkswohl, und Norwegen ist wegen seiner freien Verfassung als Musterstaat beneidet.

Das Gegenstück liefert die Pentarchie, welche in Waffen erstarrt, als wenn schon morgen die Politik der Ströme in Scene gesetzt werden soll. Diese besteht aber sehr einfach darin, dass Frankreich den Rhein als Grenze beansprucht und dass Russland als polnischer Erbe sich bis an die Weichsel abrunden will.

Die Vorbereitungen für dies neue europäische Kriegsspiel sind eben so verschiedenartig, wie das Gleichgewicht der fünf Grossstaaten zweifelhaft ist. Während Russland merkt, dass seine Kriegsschiffe im Eise bei Kronstadt verfaulen und für das Weltmeer nicht tauglich sind, vergrössert das immer neutrale England seine Marine und

Handelsflotte, damit während des Festlandkrieges der Welthandel seine Reichtümer noch vermehre. Das napoleonische Säbelgerassel ist vorläufig im Invalidendom mit dem Aschenkruge von der Insel Helena beigesetzt; es bleibt ungefährlich, so lange der Bürgerkönig Ludwig Philipp mit dem Regenschirm regiert und so lange Frankreichs Louis Napoleon seine zahm abgerichteten Adler nur als Schauvögel seiner Zukunfthoffnung fliegen lässt.

Russland besiegt die Tscherkessen und sinnt auf neue Anleihen bei Rothschild, da zu einem Weltkriege Geld, Geld und nochmals Geld nach Montecucculi gehört. Letzteres fehlt auch in Österreich; es hat desto mehr Schulden. Und da die Carbonari immer lebhafter mit Gift und Dolch und Aufstand drohen, verschanzt es sich im uneinnehmbaren Festungsviereck der Lombardei.

Der Bundestag der deutschen Fürsten baut auch von den französischen Kriegsstrafgeldern Festungen, die nie fertig werden, und sendet Kriegskommissarien aus, um die 36 Bundesheere, an denen kein Mann fehlen darf, zu inspizieren; mancher Staat stellt hundert Mann. Hauptsächlich aber hasst und verfolgt der Bundestag die Bösewichter Heinrich Heine und Ludwig Börne, weil sie vor seiner Zensur nach Paris flüchteten und dort deutschgesinnt denken und schreiben. Nur ihr Verleger Julius Campe in Hamburg wagt es, ihre Schriften zu drucken und muss dafür zeitweilig in den Winserturm, das Hamburger Staatsgefängnis wandern, um einsam über Deutschlands Schicksal nachzudenken.

Ernsthafter nimmt Preussen die Sache, denn es weiss, welchen Weltkampf der Schoss der deutschen Zukunft birgt. Vorläufig muss es die schwere Waffenrüstung für Gesamtdeutschland allein tragen; durch seine sparsam und weise geordnete Finanzverwaltung kann es dies zum Glück für das deutsche Volk. Es zeigt sein herrliches Heer in Paraden und Feldlagern bei Kalisch, damit die Welt erkenne, dass das angenommene nordamerikanische Wehrsystem unüberwindlich wird, sobald es sich über das ganze deutsche Volk ausgebreitet hat, wie es sich in den Befreiungskriegen bewährte.

Jeder gesunde junge Mann soll, wie in alter Zeit, für das Vaterland die Waffen tragen und in denselben geübt werden. Immer langsam geht Preussen damit voran, damit die übrigen dreissig deutschen Landwehren nachfolgen können. Hat dieser stolze Kreis sich geschlossen, dann steht in unseren uralten Grenzmarken ein unüberwindliches gesamtdeutsches Heer, das jeden Angriff unmöglich macht und die Politik der Ströme in das Fabelreich, aus dem sie stammt, verweist.

Schneller wird das geschehen als in König Friedrichs Zeit; die Eisenbahnen verdrängen nach und nach die Steinstrassen und Sandwege und befördern Truppenmassen mit schnellerer Windeseile, als sie im siebenjährigen Kriege mit seinen Sommerfeldzügen und Winterquartieren marschieren konnten. Die ganze Kriegskunst muss sich ändern; die Zusammenberufung und Bewegung des Heeres wird künftig telegraphisch schneller, als Ziethen aus dem Busch kam, erfolgen. Der Stratege und der Organisator für diese neue Militärverwaltung sind noch nicht zur Stelle.

Vaterlandsfreunde haben allerdings grosse Bedenken, dass ein Vorherrschen des Militarismus das geistige Leben und den gewerblichen Aufschwung des deutschen Volks hemmen und verringern wird. Das Vorrecht, welches durch den einjährigen Dienst der sogenannten Freiwilligkeit geschaffen wird, hebt die Vorteile auf, welche die Mischung aller Stände in den Kasernen auf den Bildungsgrad der Gesamtheit ausüben könnte. Nebenbei ist es Thatsache, dass diese einjährigen Günstlinge des Soldatentums die grossen Geheimnisse des Kriegshandwerks, das Exercitium des Marschierens und Totschiessens schwerer lernen, und doch soll es in dreimal kürzerer Zeit geschehen. Handgriffe sind den Handwerkern geläufiger, und Bürger und Bauern sind für Gelenkigkeit besser vorgeschult, als die angeblich höher gebildeten Jünglinge, welche mit klassischer Gelehrsamkeit genudelt und durch Sybaritenleben verweichlicht sind. Um so greller tritt die drückende Last der drei Zwangsdienstjahre mit schmaler Kost und dumpfer Kaserneneinwirkung hervor.

Die bildenden Wanderjahre und die frischeste Lernzeit für das bürgerliche Erwerbsleben gehen beim Soldatenspielen verloren. Die militärische Technik wird gut im ersten Jahr erlernt; die folgenden zwei Jahre werden durch Wiederholen und Faullenzen verschleppt und vergeudet. Dadurch schwindet die Arbeitslust für das bürgerliche Berufsleben, zumal da die für dasselbe in der Lehrzeit erworbenen Kenntnisse und die Handfertigkeit während der arbeitslosen Kasernenpause vergessen werden und ausser Übung kommen. Auch die spätere Selbständigkeit wird durch häufige Einberufung zu Militärübungen gestört, durch welche ganze Familien in Not und Schulden geraten.

Auch das höhere Schulwesen leidet bedenklich; die Knaben lernen nicht mehr, um ihren Geist für das ganze Leben zu bilden, sondern nur um das Privilegium der Einjährigkeit zu erlangen. Es fehlt nur noch, dass das Turnen sich in den Gymnasien einnistet; dann macht diese uralte Gymnastik dieselben ganz zu Vorschulen des Soldatentums!

Die Patrioten wünschen deshalb sehr entschieden, dass bei weiterer Ausbreitung des neuen Wehrsystems gleiches Recht und gleiche Sonne für alle eintritt, und dass alle deutschen Soldaten nur ein oder höchstens anderthalb Jahr dienen, da vielleicht der folgende Jahrgang durch den früheren Stamm eingeübt werden muss. Auch die jetzt schon für Preussen fast unerschwinglichen Summen für den Unterhalt der Soldaten werden dann nur halb so gross sein.

Die Korporalgrobheit, welche den Waterlooplatz in Hannover berüchtigt macht, und unter Offizieren und Feldwebeln grassiert, wird dann auch verschwinden, und der unter Gebildeten übliche Redeton wird auch in den Exerzierhäusern herrschen.

Unsere Romantiker klagen schon jetzt, dass vor den Waffen die Musen mit ihrer geistigeren Lebensart und feineren Sitte fliehen und schweigen. Schon Gervinus hat angedeutet, dass auf das Dichterjahrhundert eine politische Zeit folgen wird, umschichtig wie Luthers Reformation durch die Landsknechte verdrängt wurde.

Da die Fürstenpolitik aber nicht ohne Krieg leben kann, wird die Volkswohlfahrt in den Hintergrund treten. Das Heerwesen herrscht und wir fürchten, dass der Janustempel nicht geschlossen und die Streitaxt nicht begraben wird.

Auf das Jahrhundert der Dichter und Denker folgt das politische Jahrhundert der allgemeinen deutschen Wehrpflicht mit Blut und Eisen.

Blatt 54.

Die Weichsel und der Philosoph Kant. Die politische Bedeutung der Ströme. — Die Karte von Europa. — Das deutsche Volksbewusstsein. Rhein und Weichsel. — Der Aufbau des preussischen Staats. — Memel gegen Kalisch. — Hamburg als deutsche Reichshauptstadt. — Ein ungarisch-südslavischer Vasallenstaat für Russland. — Die Unterdrückung der deutschen Volksrechte. — Kant als Wacht am Niemen. — Der Schutz des deutschen Kaisers.

Die Weichsel und Immanuel Kant haben mich heute lebhaft beschäftigt. Der Tageswind warf auf meinen Schreibtisch zwei Flugblätter, das eine von einem Abtrünnigen nach Sadowa, das andere von meinem Getreuen nach Sedan geschrieben. Jeder Russomane will das deutsche Volk zwischen Rhein und Weichsel einzwängen und Hamburg zur deutschen Reichshauptstadt machen; aber er vergisst, dass unser deutsches Volksbewusstsein und Denken von der französischen Grenze an herrschen bis zur äussersten deutschen Hansestadt Narva, die seit alter Zeit der letzte deutsche Vorposten Livlands gewesen ist.

Der Zar soll nun in einem Riesenschritt von Narva das deutsche Memel erreichen, um im fetten Bernsteinland festen Fuss zu fassen. Immer langsam voran avanciert er dann zur Weichsel, deren Gebiet er schon im siebenjährigen Kriege durch eine russische Verwaltung beglückte und aus der polnischen Erbschaft als sein Eigentum beansprucht. An Polen schliesst dann vom Süden her der ungarisch-südslavische Vasallenstaat heran, der gleich Polen vom russischen unersättlichen Magen bald verspeist sein wird. So wäre denn die malerisch geträumte neue europäische Grenze von Danzig bis zur Donaumündung fertig für das griechisch-rechtgläubige Zarenreich.

Diese Pläne werden ausführlicher nachgewiesen und begründet in einer Denkschrift mit dem Titel: »Die Politik der Ströme«. Dieselbe ist um so bedeutsamer, da der Verteidiger von Sebastopol eine militärische Befürwortung hinzugefügt hat. Aber diese verlorene Handschrift verbirgt sich irgendwo und ist aus ihrem Schlupfwinkel nicht hervorzulocken. So müssen wir uns mit einem kürzeren Vorläufer begnügen, der nur schüchtern nach Memel hintastet und sich wie folgt ausspricht über

Die politische Bedeutung der Ströme.

Ich suche nicht Land, ich suche Wasser!
Peter der Grosse.

Man kann die europäischen Staaten mit einer Gesellschaft vergleichen, die sich um einen Tisch gedrängt hat.

Das Meer ist der Tisch; je mehr Ufer ein Staat inne hat, um so bequemer sitzt er, um so gewisser wird er satt. Schiffbare Ströme sind als Fortsetzungen des Meeresufers zu betrachten. Der Reichtum an Strömen giebt somit einem Lande Lebensdauer durch den Handel, der Besitz der Strommündungen ist hierfür eine Hauptbedingung.

Es giebt zweierlei Arten von Strömen in Bezug auf ein bestimmtes Land. Die Centralströme entspringen und enden in demselben Lande. Die Parallelströme verlaufen an der Grenze des Landes in einem Nachbarlande. Der Unterschied ist also etwa wie zwischen Mein und Dein.

Beispiele: In Frankreich sind Centralströme Seine, Loire, Garonne und Rhone. Parallelströme: Var und Rhein. Die Donau ist ein Centralstrom eines zukünftigen südslavischen ungarischen Staates — in Bezug zu Russland und der Türkei ist sie ein Parallelstrom. Die Weichsel war ein polnischer Centralstrom und Russlands sowie Deutschlands Parallelstrom. Russlands Centralströme sind: Niemen, Düna, Newa, Narova, Dwina, Wolga, der Dnieper etc.

Die Aufgabe einer jeden Nation, die ihre Selbständigkeit sich bewahren und sich zur vollen ihr gebührenden Macht entwickeln will, ist: den Besitz des ganzen schiffbaren Verlaufs der Centralströme bis in das Meer zu erlangen. Die Freiheit der Ströme schafft ein Volksbewusstsein, und so sehen wir Mächte zweiten und dritten Ranges als ebenbürtige Glieder der grossen europäischen Völkerfamilie respektiert, wenn sie im Besitz von Seeufern und Centralströmen sind.

Bleibt ein Volk vom Meer entfernt, gelingt es ihm nicht seine Centralströme freizumachen, so bleibt es ohnmächtig und gerät in Abhängigkeit von seinen Nachbarn und verschwindet zuletzt aus der Zahl der Staaten. Wo wir aber jetzt in Europa einen Staat im vollständigen

Besitz seiner Centralströme finden, da sehen wir zugleich, dass er arrondiert ist, stark und selbständig, während er vor dem Besitz seiner Ströme unfertig genannt werden konnte. Frankreich war unfertig, als noch die Mündungen seiner westlichen Ströme in den Händen der Engländer waren. Russland war unfertig, so lange Astrachan, Asow, die Dnipermündung und Riga, Narva und die Newamündung in fremdem Besitz waren. Norddeutschland ist erst 1866 fertig geworden, wenigstens beinahe.

Nur der vollständige Besitz von Centralströmen sichert einem Lande Unabhängigkeit. Was half es dem Hause Österreich, Länder an Parallelströmen zu besitzen; es hat sie verloren. Nie aber wird man einem verständigen Volk seine Centralströme entreissen können. Polen hat leichtsinnig die Mündungen seines Dnieper und seiner Weichsel verloren und damit seinen eigenen unaufhaltsamen Untergang besiegelt. Die Hemmung des Blutumlaufs ist bekanntlich tötlich. Ein Staat ist aber ein Organismus, und seine Centralströme sind seine Pulsadern.

Die europäischen Staaten, die ihre Centralströme noch nicht bis zur Mündung beherrschen, sind politisch schwach; sie müssen sich an andere Staaten anschliessen, so Österreich. Doppelt misslich ist die Lage, wenn ein Staat noch dazu an einem Parallelstrom steht. Dies ist immer ein Missgriff, eine falsche Acquisition, die nur Ausdehnung, aber nicht Kraft giebt und die zu einer endlosen, ewigen Reihe von Kriegen führt. Aber man sollte glauben, dass solche Staaten sehr mächtig sind, die ihre Centralströme besitzen und ausserdem noch an Parallelströmen stehen. Mit nichten! Sie sind übermächtig geworden und werden vom Misstrauen ihrer Nachbarn bewacht, die nur darauf lauern, sie aus der ungerechten Stellung zu vertreiben. Dadurch sind die übermächtig gewordenen Staaten zur Unterhaltung grosser stehender Heere gezwungen.

Jedes Gelüste nach Parallelströmen hat stets die Koalition hervorgerufen. Es herrscht ein so tiefer Unwille gegen dergleichen, dass es einst unter Thiers Ministerium an einem kleinen Liede Deutschland genügte, um eine so grosse Aufregung hervorzurufen, dass die Franzosen es für ratsamer hielten, ihre Finger vom Rhein zurückzuziehen. Wer an Parallelströmen sich vergreift, wird ein Feind aller; die Koalition kommt zu stande und die mächtigsten Reiche sind gesunken oder haben gelitten, weil sie den Koalitionen unterlagen. So ging es Frankreich unter Ludwig XIV. und Napoleon I., Schweden unter Karl XII.; auch Russland verlor Asow mit der Mündung eines russischen Centralstromes als Peter, um Glaubensgenossen beizustehen, an seinen Parallelströmen Pruth und Donau vordrang. — Die Sulinamündung war Europa ein Dorn im Auge. Ihr Besitz hat Russland nur geschadet. Russland ist stärker geworden, seitdem dieser Parallelstrom aufgegeben ist.

Peter der Grosse ahnte so gut den Unterschied von Parallel- und Centralströmen, dass er mit einer einzigen Ausnahme nur immer nach dem Besitz von Centralströmen strebte (Asow, Riga, Narva, Schlüsselburg) und z. B. zur Weichsel hin keinen Fuss breit Land gewinnen wollte. Peter suchte Wasser. Er fühlte auch 1713, als die Russen unter Menschikow Stettin von den Schweden eroberten, dass diese Stadt als Schlüssel der Odermündung notwendig an Preussen fallen müsse. Menschikow übergab die Stadt sofort an Preussen, und dadurch gewann dieses kleine Königreich seine erste feste Basis: das ganze Flussgebiet seines Hauptcentralstromes — der Oder.

Die ältere Geschichte Preussens zeigt, dass man nichts von der Bedeutung der Ströme kannte. Es vernachlässigte den Besitz seiner Centralströme und eroberte Parallelstrommündungen. Es streckte seine Grenzen bis Polangen über slavische Flussmündungen aus und liess das nahe Stettin in den Händen der Schweden. Mit russischem Blut ist diese Mündung für Preussen erkämpft worden und bedingungslos grossmütig dem verbündeten Nachbar überlassen worden, während noch in diesem Augenblick Preussen die Mündung eines russischen Stromes, des Niemen, inne hat und Memel behauptet, das von Livland aus gegründet wurde. Beide Teile verlieren, der russische Handel ist nicht frei und die schmale magere preussische Küste hat kein Hinterland; die Kämpfe an der Grenze beweisen ihre Unnatur. Bereits haben sich viele Stimmen in öffentlichen Blättern erhoben, um diesen Übelstand aufzudecken. Hoffen wir auf die stille, aber unwiderstehliche Wirkung des Rechtsbewusstseins. Man hat deshalb nicht aufgehört an Waffengewalt zu denken. Russland hat grosse Länderstrecken, in denen das Wasser preussischer Flüsse rinnt: ein Austausch, für beide Staaten vorteilhaft, wäre sehr leicht bewerkstelligt: Man gebe Kalisch gegen Memel!

Erst unter der jetzigen preussischen Regierung ist ein naturgemässes Streben nach richtigen Grenzen sichtbar; die zersplitterten Küsten der Nord- und Ostsee sind endlich so ziemlich in der Hand einer Macht. Deutsche Kleinstaaterei, Partikularismus und der Neid Englands, aber auch eigene Verblendung hat diese naturgemässe Entwickelung Jahrhunderte lang aufgehalten.

Wie die Magnetnadel aber zur Entdeckung neuer Welten führte, so die Zündnadel zu einer neuen Epoche der Weltgeschichte. Jetzt erst ist eine deutsche Flotte denkbar, indem die kleinen Uferstaatchen Preussen nicht mehr hindern am Bau einer guten Flotte, für die der Kieler Hafen von der Natur selbst bestimmt zu sein scheint. Für Dänemark war Kiel unnötig, denn das Gleichgewicht, — falls nicht die Ruhe von Europa, — hängt nicht ab von dem etwas grösseren oder geringeren Umfange einer Macht dritten oder vierten Ranges; für solche Staaten aber wie Dänemark ist es eine Lebensfrage, sich auf die eigene Nationalität zu konzentrieren. Wer sieht denn nicht ein, dass man Dänemark nur deshalb im Besitz deutscher Provinzen liess, damit Preussen weniger Ufer hätte!

Wer begreift denn nicht, dass der Wiener Kongress die reichsstädtische Freiheit der Hansestädte nicht etwa aus Pietät gegen die längst selig entschlafene ehrwürdige Hansa dekretierte, sondern dass nur die englische krankhafte Angst diesen Anachronismus stipulierte, damit die Ströme Deutschlands unterbunden, gesperrt blieben, damit eine deutsche Kriegsflotte unmöglich gemacht würde und England einen Fuss in Deutschland hätte! Hamburg ist eine Vorstadt von London, so lange es nicht zum Zollverein gehört. Nicht früher wird Norddeutschland eine Weltmacht werden, als bis die Hansestädte zu Preussen geschlagen sind.

Der künftige Peter der Grosse von Preussen wird Berlin, das preussische Moskau, verlassen und seine Residenz in Hamburg, dem zukünftigen Petersburg von Preussen, aufschlagen!

In Hamburg findet er bereits alle Grundelemente einer Weltstadt. Berlin hat kein Wasser, ebenso wie Moskau.

In der Geschichte von Polen begegnen wir derselben Unkenntnis von der Bedeutung der Ströme. Im Norden liess es sich seine Strommündungen von den Deutschen nehmen und im Süden von Türken und Tartaren. Wir zweifeln selbst daran, dass dieses leichte Reitervolk je daran gedacht hat, seine Farben an einem Schiffsmast zu befestigen; Polen gab mit seinen Flussmündungen die Schlüssel seiner Hausthür fort. Ist es da zu verwundern, dass es seine Selbständigkeit verlor? Ein zweiter Fehler Polens bestand in der falschen Ausdehnung über die Mündung eines Parallelstromes — der Düna. Der letzte

Herrenmeister, Gotthard Ketteler, zu schwach, um Russland aufzuhalten, das auf dem Wege zum Meer war, gab die Behauptung der Mündungen russischer Centralströme auf; aber eben so kleinlich wie Österreich verfuhr, als es 1866 Venedig nicht den Italienern abtrat, sondern an Frankreich, ebenso übergab Ketteler Livland an Polen, um für sich selbst den kurländischen Herzoghut zu gewinnen! Dadurch wurde Livland abermals auf zwei Jahrhunderte der Zankapfel zwischen Polen, Schweden und Russland. Polen schwächte sich durch den Besitz der Dünamündung.

Die Kraft eines Organismus liegt nicht in seiner Dicke und Zerflossenheit nach allen Seiten, nicht in Ländererwerb per fas et nefas, sondern in der natürlichen Ausdehnung an seinen natürlichen Centralströmen entlang; dies ist das ganze Geheimnis zur richtigen Begründung eines natürlichen Staates.

In Europa herrscht eine aufgeklärte öffentliche Meinung, — ein Rechtsgefühl. Dieses muss man respektieren, denn es verleiht den Koalitionen den Sieg. Nie wird die öffentliche Meinung es verdammen, wenn ein Staat Besitz von einer Centralstrommündung ergreift.

Die Stellung aber einer Macht an einem Parallelstrom erscheint der öffentlichen Meinung immer als ein Unrecht. Europa ist nicht allein nur ein Weltteil, sondern das Weltsensorium. Es ist durch Telegraphendrähte ebenso empfindungsvoll und thatkräftig geworden, wie ein Organismus durch seine doppelten Nervenbahnen. Das Wohlbehagen sowie der Schmerz seiner einzelnen Glieder gelangt — Empfindungs- und Bewegungsnerven — jetzt augenblicklich zum allgemeinen Bewusstsein, und die Abwehr jedes partiellen Leidens erfolgt in viel kürzerer Zeit als früher, wenn nicht leider Egoismus und Neid es verhindern.

Das Trauerspiel in Kreta wird ewig ein Schandfleck für alle, besonders für England und Frankreich sein. Man bedenke, wie vieler Jahrzehnte und Jahrhunderte es bedurfte, um im Mittelalter eine Koalition gegen eindringende Völker, Ungarn, Tartaren, Türken, Araber zustande zu bringen. Man vergleiche jetzt damit die Schnelligkeit, mit der die Koalition zustande kam, die man den Krimkrieg nennt — oder gar die letzten Kriege, geführt zur Unifikation von Italien und Norddeutschland.

Die Nachricht vom Tode Karls XII. gelangte nach Petersburg nach dreissig Tagen; die Nachricht vom Gifttode Alexanders I. kam nach London in elf Tagen; der Tod des Kaisers Nikolaus erfolgte um elf Uhr vormittags und war um zehn Uhr vormittags nach Berliner Zeit in Berlin bekannt.

Die Nichtkenntnis von der Bedeutung der Ströme in der Politik, von dem gewaltigen Unterschied von Central- und Parallelströmen herrschte durch alle Jahrhunderte und dauert noch heutzutage fort; und doch rühren fast alle Wirren, aller Hass zwischen Nachbarvölkern von dieser Unkenntnis her, von dem vielleicht vor Jahrhunderten verübten Unrecht gegen die natürlichen Gesetze einer gesunden Staatsentwicklung. Alle Seiten der Geschichte der drei letzten Jahrhunderte sind angefüllt mit Vergrösserungen nach falscher Seite hin.

Betrachten wir die sogenannten brennenden Fragen der letzten zehn Jahre; die italienische Frage wurde hervorgerufen durch das Vordringen von Österreich an seine Parallelströme Etsch und Po. — Erbansprüche, die auf Eroberungen und Heiraten sich gründen, sind unvereinbar mit dem Geist der Zeit. Kein Fürst kann jetzt ein Volk mitheiraten. Aber zur Regulierung der Grenzen ist es nicht absolut notwendig zu den Waffen zu greifen; durch gütliche Vereinbarung kann der Streit geschlichtet werden.

Wenn Österreich nicht mit Blindheit geschlagen gewesen wäre, so hätte es vor dem italienischen und böhmischen

Feldzuge bereits vor Magenta und Sadowa sich bereit erklären sollen, die Lombardei und Venedig gegen die Donaufürstentümer auszutauschen. Gebt mir die Mündung meines Centralstromes, hätte es sagen sollen, und ich entferne mich von meinen Parallelströmen! Es wollte aber obstinat in falscher Stellung bleiben, führte Krieg, hat seine Parallelströme verlassen, seinen Centralstrom nicht genommen, hat ganze Armeen, die Blüte der Nation verloren und steckt so in Schulden, dass vom Finanzminister das Wort Bankerott hat erwähnt werden müssen. Es ist auch das schon schlimm, wenn dies Wort nur genannt wird, und ähnliche Unkenntnis haben wir auch anderswo.

Hat es den Dänen etwas geholfen, dass sie unassimilierbaren Provinzen — Schleswig-Holstein — Selbstgefühl, Sitte, Masse, Gewichte und Predigt entzogen? Statt einen verderblichen, fast unmöglichen Krieg zu führen, hätte es sich in das Unvermeidliche fügen und diese Provinzen abgeben sollen gegen eine Geldentschädigung, die es zu einem reichen Lande gemacht hätte. — Hat es doch jetzt St. Thomas verkauft. Hat Russland nicht die lästigen amerikanischen Eiswüsten verkauft? —

Wohin wir auch blicken —, wo eine brennende Frage ist, da sehen wir Fremde über Nachbarn herrschen.

Die öffentliche Meinung bewaffnete Europa schon oftmals gegen die Angriffe eines aus seinen Grenzen hervorströmenden Volkes. Diese Koalitionen waren — aus der geographischen Lage Europas erklärbar — nach allen vier Weltgegenden gerichtet. Gegen die Türken nach Süden, gegen die Schweden nach Norden, gegen die Franzosen nach Westen, gegen die Russen nach Osten.

Erste Koalition: Die Türken als Eroberer stürzen das byzantinische Reich. Europa konnte es nicht verhindern und war selbst noch nicht beteiligt. Der griechische Kaiser war damals der kranke Mann und ihm war nicht zu helfen.

Aber die Türken, nicht zufrieden mit ihrer natürlichen Nordgrenze, dem Balkan, benutzten die Uneinigkeit im christlichen Mitteleuropa, die Schwäche des deutschen römischen Reiches und drangen zu ihrem Parallelstrom, der Donau, vor; jetzt wurde die Türkenfurcht allgemein. Wer an des Nachbars Parallelstrom dringt, geht auch wohl weiter. Da ist kein Mass Gesetz, kein Recht mehr heilig. Alle Nachbarn müssen sich darauf gefasst machen, nächstens auch an die Reihe zu kommen. Der Türke heisst nun in Mitteleuropa der Erbfeind. Es bildete sich eine Koalition; Österreich, Polen und Russland, auch Spanien, Venedig und den Malthesern gelang es, allmählich im Verlauf von Jahrhunderten das wilde Volk von Eroberern Schritt vor Schritt zurück zu drängen. Leider liess man ihnen das Protektorat über die unteren Donaufürstentümer, über ihren Parallelstrom. Da nun so der rechtmässige Besitzer entfernt war, so folgten daraus alle die blutigen Kriege zwischen Russland und der Türkei, die immer zumeist an ihren beiderseitigen Parallelströmen geführt wurden. Und das wird immer so bleiben, so lange sich nicht ein richtiges Donaureich gebildet hat! — —

Der abtrünnige Strompolitiker streicht die ganze deutsche Vorzeit und Entwickelung im Norden seit dem zwölften Jahrhundert; seine Zeitrechnung beginnt mit den Wirren des dreissigjährigen Krieges, welcher das deutsche Volk lähmte und seine Grenzmarken den Nachbarn in West, Nord und Ost zur Ausbeutung preisgab. Nach den bedauerlichen Feldzügen in Italien und Böhmen beseitigt er Deutsch-Österreich ganz und schafft ein ungarisch-südslavisches Zwischenreich, dessen Abhängigkeit von Russland schon die in das Fabelreich gehörende slavische Stammverwandtschaft bedingt. Was aus den deutschen Erblanden werden soll, verbirgt sich im Dunkel undeutscher Denkungsart; vielleicht sind sie für die Ausstattung eines Grossfürsten bestimmt. Die vielen Gedankenstriche in den vorstehenden Expektorationen bezeugen, dass die Hauptgedanken noch im russischen Herzen zurückbehalten wurden. Neuslavenland soll wahrscheinlich schuldenfrei aus der österreichischen Staatsgemeinschaft heraustreten; wenn letztere auch Schulden hat, so ist sie doch noch weit entfernt vom Bankerott; mit verändertem Namen erzählt man solche Geschichten von Russland, das mehrfach akkordierte. Schon 1840 setzte die Regierung 5 Rubel Banko, die in Silber eingezahlt waren, auf 143 Kopeken herab; es wurde also mit etwa 70 Prozent Verlust akkordiert. Der Barbetrag für das russische Papiergeld soll freilich in der Peter-Pauls-Festung in Silber niedergelegt sein; aber man erzählt sich, dass die Silberfrachtwagen morgens von der Bank zur Festung fahren, um in der Nacht unberührt dahin zurück zu kehren und am andern Tage die Reise neu anzutreten. So genügt für diese Komödie ein jungfräulicher Frachtwagen das ganze Jahr hindurch!

Preussen vermeint der Strömeschwärmer nach dem Vorbild des Zaren Nikolaus noch in der Tasche zu haben; er ahnt nicht die grossartige Entwicklung, durch welche Preussen sich mit der Einheit des deutschen Volkes verbunden und verschmolzen hat. Wer sich den wunderbaren Aufbau des preussischen Staates vergegenwärtigt, der könnte wohl meinen, dass von jeher der deutsche Reichsgedanke im Fürstenstamm der Hohenzollern lebendig war und sich von Geschlecht zu Geschlecht vererbte; sie fügten Stück an Stück, immer im rechten Augenblick zugreifend und dasjenige Land ergreifend, das gerade notwendig war, um endlich Preussen auf die Höhe der deutschen Macht im Herzen Europas zu heben, auf welcher Fürst Bismarck die Welt beherrscht.

Die Burggrafen von Nürnberg wandten sich dem Norden zu, weil das Schwergewicht der deutschen Gedankenwelt sich Norddeutschland zuneigte; sie traten in die Erbschaft des deutschen Ritterordens und der deutschen Hansa ein, welche den Norden kultiviert und staatlich geordnet hatten. Namentlich der grosse Kurfürst war gleich unserm norddeutschen Städtebund darauf bedacht, das Küstengebiet der Ostsee zu erlangen, er vertrieb dort die Schweden, welche Deutschland durch einen übermässigen Zoll brandschatzten; er richtete schon damals sein Augenmerk auf das Elsass. Friedrich der Grosse drängte dann auch durch friedliche diplomatische Kunst die Polen in ihr Binnenland und in ihre natürlichen Grenzen zurück, nachdem er Schlesien in blutigen Schlachten gewonnen hatte.

Der Wiener Kongress vermeinte Preussen zu schwächen, indem es ihm die sächsischen Musspreussen und das fröhliche Rheinland zuwies; aber gerade durch letzteres gewann Preussen ein freieres Staatsleben und die Ideen der Neuzeit, in welche es sich langsam einleben musste. Fürst Bismarck hat als Schlussstein durch kühne Griffe Schleswig-Holstein und Hannover in den Wunderbau eingefügt und so nicht allein die feste nichtunterbrochene Verbindung mit der Rheinprovinz geschaffen, sondern auch die deutsche Seeherrschaft an der Nordsee gegründet!

Das übrige Deutschland ist durch feste militärische Verkettung und durch freie Vereinbarung mit Preussen innig verbunden! Diese europäische Grossmacht des deutschen Volkes vermeint der politische Liebhaber der Ströme durch ein unklares Phantasiegebilde von centralen und parallelen Strömen bekämpfen und zurückschieben zu können. Deutschland selbst liefert schon den Gegenbeweis praktisch durch seine Südstaaten; sogar Ursprung und Ende des Rheins sind nicht in seinem Bereich und Besitz, dennoch hat schon Ernst Moritz Arndt bewiesen, dass der Rhein Teutschlands Strom, nicht Teutschlands Grenze ist! Die Ströme haben überhaupt nur, soweit sie schiffbar sind, Wert für das

Land, das sie durchfliessen. Deshalb ist der Niemen sicherlich ein deutscher Fluss, obgleich er in Polen entspringt; sein Hauptverdienst ist die Befruchtung der fetten Tilsiter Niederung bis an das Meer.

Diese Landschaft mit der daranhängenden Provinz Ostpreussen war auch wohl gemeint, wenn Memel im Austausch gegen Kalisch verlangt wird. Die Stadt Kalisch kann man kaum aus dem russischen Gouvernement Kalisch herausreissen, eben so hängt Memel unlösbar mit dem urdeutschen Ostpreussen zusammen; schon Carlyle hat das uralte Deutschtum dieses Landstrichs unwiderleglich dargethan.

Memel namentlich ist von den Rigaer Deutschen gegründet und schon 1313 von den livländischen Schwertrittern befestigt werden; es sieht also auf ein Halbjahrtausend deutschen Lebens zurück, welches der Petersburger Deutschrusse kurzerhand totschweigt, weil der Niemen ein russischer Centralstrom ist und deshalb Russland gehört.

Aber der sonderbare Flussschwärmer greift gleich weiter, beim Verspeisen mehrt sich der Appetit. Da liegt am Ausfluss der Oder Stettin, das einmal angeblich mit russischem Blute erkauft sein soll; aber er verschweigt, dass Russen und Sachsen Stettin nur belagerten und dass der Kurfürst von Brandenburg den Belagerern, die Stadt, die ihm schon durch Erbvergleich gehörte, mit viermalhunderttausend Thalern bar abkaufte, so dass die Belagerer ohne Blutvergiessen fröhlich abzogen; sieben Jahre später kam dann das ganze Pommern mit Stettin im Frieden von Stockholm an die Hohenzollern als die richtigen Erben und Eigentümer.

Dass dies stolze Fürstengeschlecht jetzt von Berlin nach Hamburg auswandern soll, ist die köstlichste Idee, die jemals ausgeheckt wurde.

Stettin ist schon mit den russischen Schaumünzen in Gold belegt und gleichsam in Anwartschaft genommen, weil dort 1729 und 1759 zwei Kaiserinnen für den Zarenthron geboren wurden: die mächtige Herrscherin Katharina II. und die stille Dulderin Elisabeth, deren russisches Schicksal nur das Eine gemeinsam hat, dass beiden der kaiserliche Gemahl ermordet wurde; Peter und Paul waren freilich unfähig für Familie und Reich; Paul namentlich hatte dies durch sein Wüten gegen die Zeitideen bewiesen; die tolle Idee, dass er dieselben durch einen Ukas vom Zarenreich fernhalten könne, brach ihm selber den Hals. Stettin war freilich auch einmal wie Danzig ein Opfer der Polen, welche 5000 Menschen von dort fortschleppten; so gehört es auch zu der von den Russen beanspruchten polnischen Erbschaft! Da liegt denn Berlin als Hauptstadt der Hohenzollern der russischen Grenze allzu nah; deshalb wird diesen der gute Rat gegeben, ihre Residenz nach Hamburg zu verlegen, weil auch die Zaren Moskau mit Petersburg vertauschten; diese wanderten aber auch schon vorher von Novgorod nach Kasan, Kiew u. s. w., wie es gerade ihre Eroberungen verlangten; ihre nächste Residenz wird Konstantinopel sein.

Berlin ist und bleibt die Kaiserstadt des deutschen Volkes, weil dort der Mittelpunkt des neuen deutschen Geisteslebens ist; es ist wirklich ein Sensorium, in welchem alle Adern und Nerven der deutschen Gelehrsamkeit und Volksbildung in allen ihren Beziehungen und Richtungen zusammenlaufen und sich vereinen, Hamburg dagegen hat, obgleich es urdeutsch und ehrenfest in seinem Sinn und Herzen ist, ein internationales Doppelgesicht und eine Doppelseele, indem es den Warenaustausch in allen Erdteilen vermittelt und dadurch dem deutschen Volk am wirksamsten nützt! Auch äusserlich ist das in beiden Städten bemerkbar, der Hamburger wird durch das Dampfräderwerk des Welthandels in atemloser Hast und Spannung erhalten; er eilt deshalb rastlos durch die Strassen, während seine Gedanken etwa in Japan oder im Goldland umherschweifen. Der Berliner dagegen schlendert behaglich und beschaulich umher; sein Geist arbeitet für Deutschland, während sein Gesichtskreis die ganze Welt in alter und neuer Zeit umfasst und in Betracht zieht, um die deutschen Geistesschätze zu vermehren, ebenso wie Hamburg den deutschen Volksreichtum fördert.

Der Wiener Kongress und mit ihm England vermeinten die letzten drei Hansestädte zu schwächen, indem sie dieselben isolierten und auf sich allein anwiesen. Lübeck war nur eine Enklave von Dänemark und durch dessen Intriguen lahm gelegt; Bremen und Hamburg sollten nur englische Aussenhäfen und Unteragenten sein, um Englands Welthandel und Reichtum zu vergrössern und zu vermehren. Aber die Bremer und Hamburger verstanden die Sache anders; sie liessen England rechts liegen und fuhren in das Weltmeer hinaus, um dem deutschen Handel und den deutschen Fabrikaten alle Erdteile zu erobern, obgleich sie nicht wie die englischen Kauffahrer durch heimische Kriegsschiffe geschützt wurden. Der Wiener Kongress ahnte freilich diese grossartige deutsche Entwicklung nicht und dachte auch nicht daran, dass er mit der Erhaltung der drei Hansestädte zugleich das bürgerliche Element erhielt und schützte, indem er ihnen unbewusst die schwierige Aufgabe zuwies, Muster und Vorbilder sparsamer und eigennütziger Staatsverwaltung in dem vielfach gefürsteten Deutschland zu sein.

Nach Sadowa ist mit ihnen Norddeutschland und nach Sedan Gesamtdeutschland fertig geworden, während Russland, welches vom weissen Eismeer bis zum schwarzen Meer und darüber hinaus bis nach Persien sich schon ausdehnt, nach der Meinung des Renegaten unfertig blieb und auf Vergrösserungen sinnen muss, die über Memel hinaus bis zur Weichsel offen bereit liegen, weil die Weichsel ein polnisch-russischer Centralstrom ist.

Aber Polen muss mehr als Schleswig-Holstein uns daran erinnern, dass es nicht gut ist, wenn Fremde über Nachbarn herrschen. Frankreich musste den Elsass wieder herausgeben; Dänemark verlor Schleswig-Holstein, weil es dort das deutsche Selbstgefühl, Sitte, Masse, Gewichte, Predigt antastete und ausrotten wollte.

In Livland erleben wir dasselbe Trauerspiel, welches um so herzbrechender verläuft und zum Schlussakt drängt, weil die Barbarei auch gegen die deutsche Sprache und gegen die deutsch-lutherische Religion einschreitet und wütet.

Russland kennt die Gefahr und macht seine Vorbereitungen für dieselbe. Nach Moltkes Beispiel machte 1872 seine erste Reise auch der russische Generalstab; ihm war die Ausarbeitung eines Planes befohlen, um Livland vor dem Feinde zu schützen! Dasselbe wird jetzt von strategischen Eisenbahnen durchkreuzt, während Zar Nikolaus es vom europäischen Eisenbahnnetz absperren wollte. Um nach Nikolaus' Befehl Russland von Europa und seiner Gesittung zu scheiden, stimmt die russische Spurweite der Eisenbahnen nicht mit der deutschen und macht ein Umsteigen diesseit und jenseit der Grenze notwendig. Aber die direkte Eisenbahnverbindung Livlands mit dem deutschen Mutterland ist doch wenigstens hergestellt und führt in die Stadt der freien politischen Gedanken, in welcher einst der Philosoph Kant lebte und lehrte; Königsberg leidet am schwersten durch die russische Absperrung.

Dort finden wir das eindrucksvolle Standbild des Vorkämpfers für deutsche Gelehrsamkeit und für deutsches Volksbewusstsein als Wacht an Russlands Zarengrenze. Vor demselben stehend schrieb, und sandte mir mein

Getreuer die nachstehenden Verse, in denen sich das Doppelglück kräftig ausspricht, das wir neben der Fürsorge der Gelehrten jetzt unter dem Schutze des deutschen Kaisers leben; sie lauten:

Immanuel Kant.

In Königsberg beim Kneiphof steht,
Von deutscher Luft und Lieb umweht,
Ein eisenharter deutscher Mann,
Der lehrte, wie man denken kann.
Es schützt mein Livenland
Immanuel Kant!

Zu Riga an der Düna Strand,
Mit Herdern er den Hartknoch fand,
Der druckt ihm die reine Vernunft,
Zu stürzen die Gelehrtenzunft.
Das dankt dem Livenland
Immanuel Kant!

Und als auf Dorpats Hansetrümmern
Gelehrte eine Burg sich zimmern,
Da schickt er ihr den Weisen Jäsche,
Zu lehren auf der deutschen Bresche.
So lohnt dem Livenland
Immanuel Kant!

Beim Kneiphof steht er kurz und bündig
Und macht der ganzen Welt es kündig,
Was ein Gelehrter deutsch vermag,
Der denkt und schreibt bei Nacht und Tag.
So wirkt fürs Livenland
Immanuel Kant!

Im langen Rock zu Schutz und Trutz
Verkündet er dem Zar Nichtsnutz
Sehr kategorisch den Befehl,
Dass er die Deutschen nicht mehr quäl!
So schützt mein Livenland
Immanuel Kant!

Im Kampfe mit Napoleon
Verlangt der Russe dann als Lohn
Das Land bis hin zum Weichselfluss;
Doch Kant verscheucht uns den Verdruss.
   Es zeigt aufs Livenland
   Immanuel Kant!

Auch schon im siebenjähr'gen Krieg
Der Russe sich so weit verstieg,
Er liess zur Spree Kosaken ziehn
Und plünderte sogar Berlin!
   Das kennt vom Livenland
   Immanuel Kant!

Die Peitsche bei Kanonen knallt,
Zum Aufmarsch die Trompete schallt,
Wenn Truppen hin zur Grenze ziehn,
Dann muss der Feind bald heimwärts fliehn!
   So schützt das deutsche Land
   Kaiser Wilhelms Hand!

Inhaltsregister.

Im Paradies der heidnischen Esten	8
Erster Weihnachtabend 1222. Die deutsche Hanse	11
Zweiter Weihnachtabend 1524. Das Luthertum	23
Dritter Weihnachtabend 1802. Die deutsche Wissenschaft	43
Lübecks Jubeljahr 1893	57
Die Weichsel Teutschlands Strom, nicht Teutschlands Grenze	71
Aus einem Berliner Tagebuch in und nach dem Jahre 1848: Die deutsche Sloboda und Peter der Grosse	79
Die Pentarchie und die Politik der Ströme	83
Die Weichsel und der Philosoph Kant	89
Die politische Bedeutung der Ströme	90

www.ingramcontent.com/pod-product-compliance
Lightning Source LLC
Chambersburg PA
CBHW031405160426
43196CB00007B/912